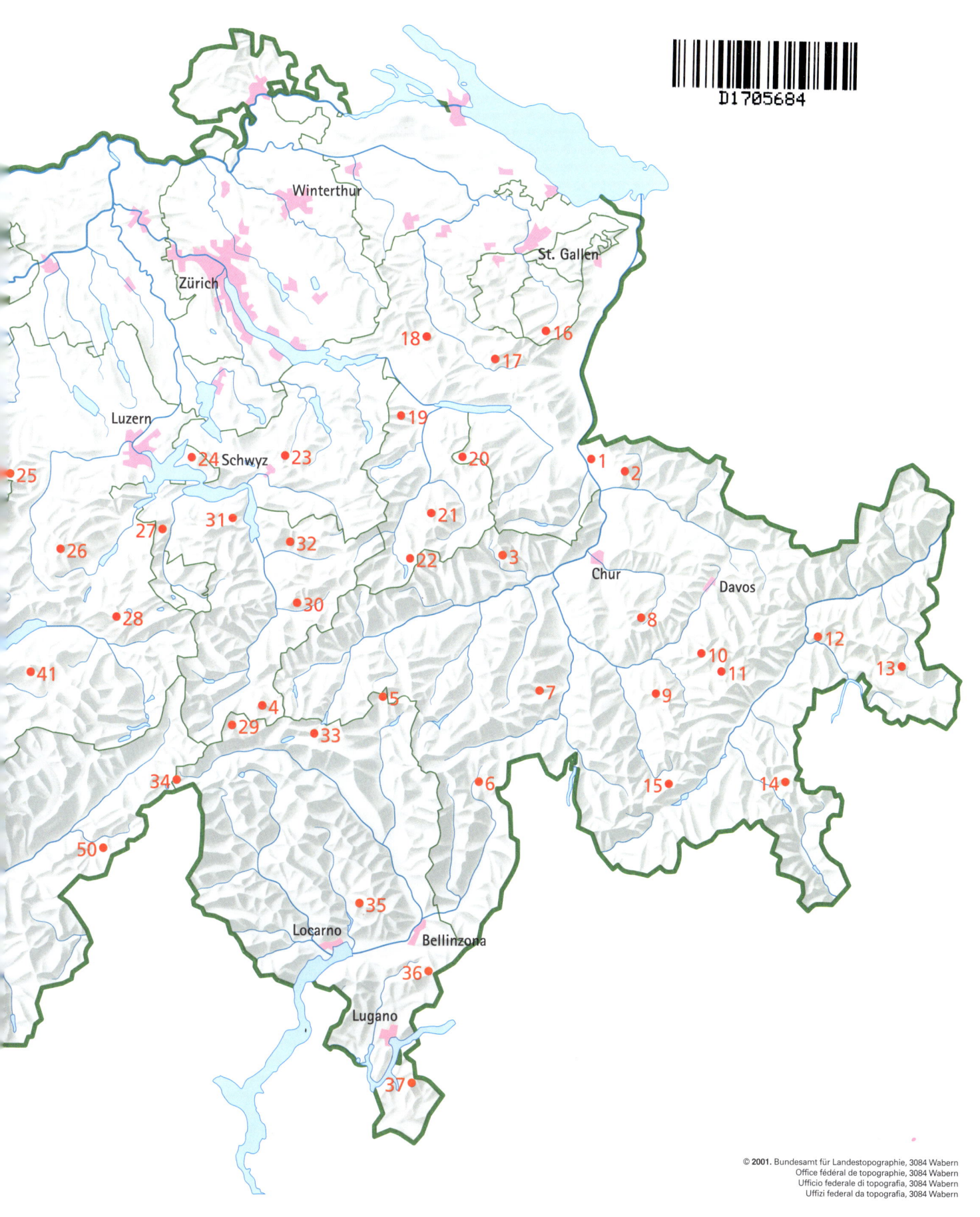

Der Hochnebel brandet an die terrassenartigen Anhöhen des Schächentals.

David Coulin

# Die schönsten Rundwanderungen in den Schweizer Alpen

Unter Mitarbeit von Guido Gisler

**AT Verlag**

# Inhalt

7 Vorwort

8 So läuft alles rund
12 Die Touren nach Schwierigkeitsgrad

### Graubünden

16 Rund um den Regitzer Spitz: Über den Nebeln
18 Rund um den Vilan: Berg und Bahn
20 Rundwanderung auf dem Flimserstein: Das Erbe der Zyklopen
22 Rundwanderung Pazolastock–Tomasee: An der Quelle
24 Greina-Rundwanderung: Der Traum von der unberührten Natur
26 Rund um San Bernardino: Kreisen über dem Misox
28 Rund um die Alpen von Wergenstein: Im wilden Osten
30 Rund um das Aroser Älpliseehorn: Babylon in den Alpen
32 Rund um den Piz Ela: Echo vom Ela
34 Rund um das Monsteiner Chrachenhorn: Fische am Berg
36 Rund um den Piz Murtelet bei Bergün: Kesch und mehr
38 Rund um den Piz d'Arpiglias ob Zernez: Auf zu den Seen von Macun
40 Rund um den Lüer Muntet: Im Land der Elfen
42 Rund um den Piz Lagalb: Im Herzen der Bernina
44 Rundwanderung Pass Lunghin–Septimer: Scheidewege

### Nordostschweiz, Glarus

48 Rund um die Marwees: Wie Fliegen, nur schöner
50 Rund um den Toggenburger Neuenalpspitz: Zwischen Säntis und Churfirsten
52 Rundwanderung am Fusse des Speer: Die Tanzbödeler
54 Rund um die Wageten ob Niederurnen: Im Kalkzapfenland
56 Rundwanderung im Bann des Mürtschenstocks: Der Geologie auf der Spur
58 Rundwanderung in den Glarner Freibergen: Im ältesten Wildschutzgebiet Europas
60 Rundwanderung zur Muttseehütte: Energie-Reich

### Zentralschweiz

64 Rund um die Mythen: Auf den Spuren Goethes
66 Rigi-Rundwanderung: Rund über die Rigi
68 Napf-Rundwanderung: Am Ende der Welt – und mittendrin
70 Rund um den Fürstein: Wenn vom Berg ein Jutz ertönt

| | |
|---|---|
| 72 | Rund um das Wirzweli: Die Bähnchentrophy |
| 74 | Rund um die Melchsee-Frutt: Tanz auf dem Gipfelkranz |
| 76 | Seen-Rundwanderung am Gotthard: Alpen-Wellness |
| 78 | Rundwanderung im Maderanertal: Ein See zum Verlieben |
| 80 | Rund um den Uri-Rotstock: Zwischen See und hohen Bergen |
| 82 | Rund um den Schön Chulm im Schächental: Auf den Spuren von General Suworow |

## Tessin

| | |
|---|---|
| 86 | Rund um den Pizzo dell'Uomo (Lukmanierpass): Allein auf weiter Flur |
| 88 | Rund um den Nufenenstock: Auf Schmugglers Pfaden |
| 90 | Rundwanderung zum Pizzo d'Eus: Wo Gott hockt |
| 92 | Rund um den Gazzirola im Valcolla: Grenzgang |
| 94 | Rundwanderung am Monte Generoso: Im Land der Nevère |

## Berner Oberland, Westschweiz

| | |
|---|---|
| 98 | Rundwanderung Sigriswiler Rothorn: Wer hat aus dem Brünnlein getrunken? |
| 100 | Rundwanderung am Stockhorn: Erlebniswelt aus Kalk |
| 102 | Diemtigtaler Pässerundwanderung: Luegid vo Bärg und Tal |
| 104 | Grindelwaldner Rundtour: Slow walking am Faulhorn |
| 106 | Rund um das Gällihorn: Im Angesicht von Balmhorn und Altels |
| 108 | Rundtour über den Vanil Noir: Im Reich der Alpennarzissen |
| 110 | Rundtour zur Pointe des Savolaires: Im wilden Tal des Muveran |
| 112 | Rund um den Mont Raimeux: Wo die Elfen wohnen |
| 114 | Rund um den Creux du Van: Tanz auf der Felsenburg |

## Wallis

| | |
|---|---|
| 118 | Tour du Grand Chavalard: Das Wallis zu Füssen |
| 120 | Rundwanderung Roc de Vache (bei Zinal: Aug in Aug mit den Walliser Eisriesen |
| 122 | Rundtour zum Zermatter Höhbalmen: Im Visier das Matterhorn |
| 124 | Binntal-Rundtour: Streifzug durch das Steinreich |

Letztes Abendlicht am Oberalpsee.

# Vorwort

Sich einlassen, staunen, wandernd geniessen – wenn dies Ihr Antrieb ist, um die Wanderschuhe zu schnüren, sind Sie genau richtig im Klub der Rundwanderer. Denn als Rundwanderin oder Rundwanderer tauchen Sie mit jeder Wanderung ein in eine von tausend kleinen Schweizer Bergwelten, die nur darauf warten, entdeckt zu werden. Und Sie werden staunen: Staunen ob der Vielfalt von Aus- und Einblicken, staunen ob des Reichtums unterschiedlicher Landschaftsformen, staunen auch über den so eigenen Charakter jedes dieser Mikrokosmen. Und geniessen können Sie die Wanderung nur schon deswegen, weil Sie am Abend wieder zum Ausgangspunkt zurückgelangen. Da kommt nur das Nötigste in den Rucksack; wo und wann der Bus fährt, wissen Sie bereits, und in der eventuellen Herberge sind Ihre Wünsche bekannt.

Grund genug also, für Sie fünfzig solcher kleiner Bergwelten zu orten, mit einer Rundwanderung zu umfassen und Ihnen zu präsentieren. Die Wanderungen bieten einen maximalen Erlebnisgehalt und vermitteln den Charakter einer ganzen Region. Dabei haben wir auf eine gleichmässige regionale Verteilung der Touren geachtet und als Ergänzung zu den Alpen noch zwei besondere Jurawanderungen hinzugenommen. Oft sind schon die Ausgangspunkte allein eine Reise wert – am besten mit Bahn und Postauto!

Nach bewährtem Rezept der AT-Bergbuchreihe haben wir auch in diesem Band viel Wissenswertes rund um die Touren in leicht lesbare Texte gepackt. In einem ausführlichen Serviceteil mit Übersichtskärtchen werden alle nötigen Informationen zusammengefasst, und exklusive Fotos runden die Beiträge ab.

Genaue Hinweise zu Schwierigkeit und Routencharakter ermöglichen es Ihnen, eine Tour auszusuchen, die ihren Wünschen und Möglichkeiten entspricht. Im Verzeichnis auf Seite 12 finden Sie die Routen nach Schwierigkeit geordnet. Sämtliche Routen sind ohne spezielle Ausrüstung begehbar.

Ich danke herzlich meinem Mitautor sowie dem Lektorat und der Verlagsleitung des AT Verlags für die Unterstützung und Begleitung dieses Buchprojekts. Sie sind massgeblich daran beteiligt, dass Sie nun mit diesem Buch einen bunten Strauss vielfältiger Wandervorschläge in den Händen halten. Pflücken Sie eine Tour heraus, und Sie werden einen Tag erleben, der Ihnen eine einzigartige kleine Alpenwelt eröffnet. Dazu wünsche ich Ihnen viel Spass.

Geniessen Sie das Buch, und geniessen Sie die Panoramatouren!

David Coulin

# So läuft alles rund

Rundwanderungen sind abwechslungsreich. Sie können aber auch anspruchsvoll sein. Die folgenden Tipps helfen Ihnen, die Rundwanderung so zu planen, dass sie für alle zum unvergesslichen Erlebnis wird.

### Tipp 1: Überschätzen Sie sich nicht

Die Schwierigkeit bei Rundwanderungen liegt weniger in der Qualität der Wege als in der Länge. Dass der Weg zurück zum Ausgangspunkt führt, bringt es mit sich, dass die Wanderzeit überdurchschnittlich lang sein kann. Dazu kommt, dass Rundwanderungen oft über mehrere Pässe oder Übergänge verlaufen, also mehrere Auf- und Abstiege sich aneinanderreihen. Umso wichtiger ist es, die Angaben im Serviceteil zu beachten: Wie lange dauert die Wanderung? Gibt es Möglichkeiten, die Tour unterwegs abzubrechen? Wie viel Höhendifferenz gilt es wie oft zu überwinden?

Abendstimmung auf der Schächentaler Sonnenseite.

**Tipp 2: Interpretieren Sie die Schwierigkeitsgrade richtig**

Die Schwierigkeitsbewertungen richten sich nach der neuen Wanderskala des Schweizer Alpen-Clubs (SAC). Diese reicht von T1 bis T6. Aber aufgepasst: Lediglich die Grade T1 bis T3 bewegen sich in dem Bereich, den man gemeinhin unter «Wandern» versteht. Ab T4 muss man von Hochtouren ohne Seil und Pickel sprechen.

Die meisten Touren in diesem Buch bewegen sich – gleichmässig verteilt – im Bereich Schwierigkeitsgrade T1 bis T3.

T1: Hier handelt es sich um gelb markierte, feste und zum Teil auch breite Wege, die keine speziellen Anforderungen an Kondition und Ausrüstung stellen. Sie sind auch mit Turnschuhen begehbar und auch für Familien mit kleineren Kindern sowie für Seniorinnen und Senioren geeignet. Typische Beispiele sind die Rundwanderung beim Wirzweli (Seite 72), der Weg rund um den Piz Lagalb (Seite 42) oder die neue Rundwanderung beim Dorf San Bernardino (Seite 26).

T2: Die mit T2 bewerteten Wanderwege sind gut mit weiss-rot-weissen Markierungen versehen und erlauben auch ohne Karte eine problemlose Orientierung. Die Wege können teilweise etwas schmal, steinig und mässig steil sein. Ausgesetzte Stellen sind entweder sehr gut gesichert oder für Wanderer ohne ausgeprägte Höhenangst problemlos begehbar. Ab dem Schwierigkeitsgrad T2 sind Trekking- oder Wanderschuhe erforderlich. Denn viele Rundwanderungen spielen sich im Bereich der Voralpen ab, wo Kalkgesteine dominieren, die bei Nässe sehr glitschig sind. Auch ein Wanderstock kann gute Dienste leisten. Die Wanderungen des Schwierigkeitsgrades T2 sind auch für Familien mit Kindern ab etwa zehn Jahren und für trittsichere Seniorinnen und Senioren geeignet. Typische Beispiele sind der Weg rund um den Vilan (Seite 18), die Seen-Rundwanderung am Gotthard (Seite 76) oder die Rundwanderung am Creux du Van (Seite 114).

T3: Der Grad T3, ebenfalls weiss-rot-weiss markiert, wird mit «anspruchsvolles Bergwandern» umschrieben. Es kann durchaus sein, dass sich der Weg vorübergehend etwas verliert oder die weiss-rot-weisse Markierung aussetzt. Bei schlechter Sicht oder Nebel sind daher die Landeskarte und ein guter Orientierungssinn erforderlich. Ausgesetzte oder besonders steile Stellen sind mit Ketten oder Treppen gesichert. Trekkingschuhe gehören hier ebenso zur Standardausrüstung wie Wanderstöcke. Diese dämpfen in steileren Abstiegen nicht nur die Schläge auf die Kniegelenke, sondern verhelfen auch zu einer aufrechteren Körperhaltung, wodurch die Ausrutschgefahr erheblich vermindert wird. Eine T3-Wanderung kann auch an die Kondition hohe Anforderungen stellen. Wenn Sie unsicher sind, ob Sie eine solche Wanderung bewältigen können, vergewissern Sie sich, dass es Möglichkeiten zur Abkürzung oder zum vorzeitigen Abbruch der Tour gibt. Kinder und Ältere sollten gut trainiert und trittsicher sein. Typische Routen dieses Schwierigkeitsgrades sind die Wege rund um das Sigriswiler Rothorn (Seite 98), die Rundtour zur Pointe de Savolaires (Seite 110) oder die Wanderung rund um den Piz Ela (Seite 32).

T4: Hier wird die Sache alpin. Das heisst: Die Wege sind weiss-blau-weiss markiert, aber nicht überall sichtbar, und wo es sie gibt, sind sie eindeutig exponiert. Es kann Stellen geben, wo man sich sogar gerne der Hände bedient, um vorwärts zu kommen. Die Routen, die Stellen des Schwierigkeitsgrades T4 ausweisen, erfordern zwingend gute Verhältnisse. Es darf also kein Schnee mehr liegen, und die Witterung muss trocken sein. Unter diesen Voraussetzungen sind diese Stellen – wenn man den richtigen Weg wählt – für geübte Berggängerinnen und Berggänger kein Problem. Begehen Sie eine Wanderung des Grades T4 mit Personen, deren Fähigkeiten Sie nicht einschätzen können, empfiehlt es sich allenfalls, ein kurzes Seil mitzunehmen. Kleinere Wegpassagen im Grad T4 finden sich zum Beispiel bei den Rundwanderungen um das Monsteiner Chrachenhorn (Seite 34), um die Marwees im Toggenburg (Seite 48) oder bei der Wanderung über den Vanil Noir (Seite 108).

Weisse Alpenanemone.

Beim Berggasthaus Trift.

### Tipp 3: Achtung Gegensteigung!

Rundwanderungen sind oft Berg-und-Tal-Wanderungen. Gegensteigungen sind eher die Regel als die Ausnahme. Wichtig: Nehmen Sie – vor allem für den Oberkörper – genügend Ersatzwäsche mit. Schön ist, wenn man nach jedem Aufstieg das verschwitzte T-Shirt aussen an den Rucksack hängen und ein trockenes Leibchen aus dessen Innerem zaubern kann. Wichtig ist auch, vor jeder Gegensteigung eine Pause einzulegen und etwas zu trinken statt die Steigung «noch schnell anzuhängen». Denn genau in dieser Situation passiert oft das, was niemand hofft: Ein Krampf lähmt die Glieder, und die nötige Massage braucht bedeutend mehr Zeit als eine kleine Rast vorher.

### Tipp 4: Nehmen Sie sich Zeit

Planen Sie die Wanderung so, dass unterwegs genügend Zeit zum Picknick und zum Verweilen bleibt. Dies ist insbesondere wichtig, wenn Sie mit Kindern unterwegs sind. Die im Buch angegebenen Zeiten verstehen sich ohne Rast- und Ruhepausen. Benützen Sie die angegebenen Übernachtungsmöglichkeiten an den Ausgangspunkten. Dadurch ersparen Sie sich den Stress der Anreise am selben Tag und können in aller Ruhe auch seelisch im Wandergebiet «ankommen».

### Tipp 5: Nehmen Sie eine Schweizer Karte mit

Rundwanderungen verhelfen am selben Tag zu Einblicken in verschiedene Geländekammern. Aber wie heissen denn all diese Gipfel, die da in der Weite erscheinen? Die Landeskarte der Schweiz gibt Ihnen die Antwort und zeigt Ihnen weitere Zusammenhänge. Interessant ist etwa, dass die Ausrichtung der Täler und Gebirgsketten von Auge anders wahrgenommen wird, als sie auf der Landeskarte erscheint. Verlässlicher sind die Formen der Berge. Einige sind so markant, dass man sie immer wiedererkennt und so als Referenzpunkte gebrauchen kann. Zu diesen Bergen gehören zum Beispiel der Calanda, der Säntis, der Tödi, der Galenstock und – natürlich – das Matterhorn.

Die Kartenskizzen im Buch sind nur als Übersicht gedacht. Dass eine detaillierte Karte in den Rucksack gehört, versteht sich von selbst. Empfehlenswert ist die Landeskarte der Schweiz im Massstab 1 : 50 000 mit eingezeichneten Wanderrouten.

### Weitere Informationen

Die Schweizerische Beratungsstelle für Unfallverhütung (bfu) hat in Zusammenarbeit mit swisshiking, SAC und BASPO ein handliches Merkblatt zum Thema Bergwandern herausgegeben. Bezugsadresse: bfu, Telefon +41(0) 31 390 22 22, info@bfu.ch oder shop.bfu.ch (Rubrik «Sport»).

# Die Touren nach Schwierigkeitsgrad

Auf dem Weg zum Berghotel Schwarenbach.

Hoch über dem Lago Maggiore.

Achtung: Je nach Verhältnissen oder der gewählten Variante können die Schwierigkeiten variieren. Die untenstehende Einteilung kann nicht mehr als einen groben Anhaltspunkt geben.

### Rundwanderungen für Familien

2–5 Std. (ausnahmsweise länger), mit attraktivem Spielgelände unterwegs, T1–T2.

Rund um den Vilan  Seite 18
Rundwanderung auf dem Flimserstein  Seite 20
Rund um San Bernardino  Seite 26
Rund um die Alpen von Wergenstein  Seite 28
Rund um den Piz Lagalb  Seite 42
Rundwanderung am Fusse des Speer  Seite 52
Rundwanderung im Bann des Mürtschenstocks  Seite 56
Rund um die Mythen  Seite 64
Rigi-Rundwanderung  Seite 66
Napf-Rundwanderung  Seite 68
Rund um den Fürstein  Seite 70
Rund um das Wirzweli  Seite 72
Seen-Rundwanderung am Gotthard  Seite 76
Rundwanderung am Stockhorn  Seite 100
Grindelwaldner Rundtour  Seite 104
Rund um den Mont Raimeux  Seite 112

### Panorama-Rundwanderungen

4–7 Std., meist mit mehreren kleinen Übergängen, T2–T3.

Rund um den Regitzer Spitz  Seite 16
Rundwanderung Pazolastock–Tomasee  Seite 22
Greina-Rundwanderung  Seite 24
Rund um das Aroser Älpliseehorn  Seite 30
Rund um den Piz Murtelet bei Bergün  Seite 36
Rund um den Lüer Muntet  Seite 40
Rundwanderung Pass Lunghin–Septimer  Seite 44
Rund um den Toggenburger Neuenalpspitz  Seite 50
Rund um die Wageten ob Niederurnen  Seite 54
Rundwanderung in den Glarner Freibergen  Seite 58
Rundwanderung im Maderanertal  Seite 78
Rund um den Schön Chulm im Schächental  Seite 82
Rund um den Pizzo dell'Uomo (Lukmanierpass)  Seite 86
Rund um den Nufenenstock  Seite 88
Rund um den Gazzirola im Valcolla  Seite 92

Einladung zum Seiltanz – am Vanil Noir.

Rundwanderung am Monte Generoso  Seite 94
Rundwanderung Sigriswiler Rothorn  Seite 98
Diemtigtaler Pässerundwanderung  Seite 102
Rund um das Gällihorn  Seite 106
Rundtour zur Pointe des Savolaires  Seite 110
Rund um den Creux du Van  Seite 114
Tour du Grand Chavalard  Seite 118
Rundwanderung Roc de Vache (Zinal)  Seite 120

## Alpine Rundwanderungen

5–8 Std., mit grösseren Auf- und Abstiegen, T3–T4.

Rund um den Piz Ela  Seite 32
Rund um das Monsteiner Chrachenhorn  Seite 34
Rund um den Pizzo d'Arpiglias ob Zernez  Seite 38
Rund um die Marwees  Seite 48
Rundwanderung zur Muttseehütte  Seite 60
Rund um die Melchsee-Frutt  Seite 74
Rund um den Uri-Rotstock  Seite 80
Rundwanderung zum Pizzo d'Eus  Seite 90
Rundtour über den Vanil Noir  Seite 108
Rundtour zum Zermatter Höhbalmen  Seite 122
Binntal-Rundtour  Seite 124

## Karten

In den Kartenausschnitten gilt folgende Kennzeichnung:
— Normalroute
— Variante bzw. Abkürzung/Zwischenabstieg
▶ Empfohlene Laufrichtung
⬆ Übernachtungsmöglichkeit bzw. Bergwirtschaft/Restaurant
🟡 Postautohaltestelle
🅿 Parkplatz

## Wichtige Telefonnummern und Internetadressen

Wetterbericht allgemein: 162
MeteoSchweiz Zürich: Spezialwetterbericht 0900 162 111, Alpenwetter 0900 162 338, www.meteoschweiz.ch
Schweizerische Bundesbahnen (SBB-Fahrplan usw.): www.sbb.ch
Postautoverbindungen: www.postauto.ch
Schweizerische Landestopografie (Landeskarten): www.swisstopo.ch
Schweizer Alpen-Club (SAC): +41 (0)31 370 18 18, www.sac-cas.ch
Schweizerischer Bergführerverband: www.bergtourismus.ch
Notruf der Schweizer Rettungsflugwacht (Rega): 1414, www.rega.ch

### Abkürzungen
| | |
|---|---|
| P. | Punkt, kotierte Höhenangabe |
| AB | Appenzellerbahnen |
| BOB | Berner Oberland-Bahn |
| BLS | Lötschbergbahn/Regionalverkehr Mittelland |
| MGB | Matterhorn-Gotthard-Bahn |
| RhB | Rhätische Bahn |
| SBB | Schweizerische Bundesbahnen |
| SAC | Schweizer Alpen-Club |

Blick vom Piz Lunghin zum Silsersee.

Graubünden

■ **Rund um den Regitzer Spitz**

# Über den Nebeln

Der Berg ist sicher auch Ihnen bekannt – auch wenn Sie im Moment nicht wissen, wohin Sie den Regitzer Spitz in Ihrem geografischen Gedächtnis stellen sollen. Er ist Ihnen bekannt, weil auch Sie schon mindestens einmal mit dem Auto oder dem Zug von St. Gallen oder Zürich Richtung Chur gefahren sind – oder umgekehrt. Und vielleicht erinnern Sie sich jetzt: Da ist doch dieser Hügel nach Sargans mit dem Hochspannungsmast, der so schief steht, dass er jeden Moment herunterzukrachen droht. Genau dort werden wir vorbeikommen. Aber nun alles der Reihe nach.

Startpunkt ist Fläsch, der nördlichste Ort der Bündner Herrschaft, wo dieser unverwechselbar leichte Bergwein herkommt, der im Unterland oft und gerne kredenzt wird. Ein reiches Dorf, wie alle diese Weindörfer an der Bündner Goldküste. Was fehlt, ist der See (der in Form eines Grundwassersees einige Meter unter der Schwemmebene des Rheintals versteckt liegt), aber der Rhein sorgt für Ersatz, und in den Kieferwäldern riecht es nach Süden.

Dieser Geruch begleitet uns, während wir uns vom Dorf weg zuerst auf einem Forstweg, dann auf einem schmalen Bergweg hinaufwinden. Immer wieder brandet der Weg an die Felswand, die vom Tal her gesehen so abweisend aufragt. Unten entschwinden Dorf und Tal in einer Dunstschicht, durch die die Sonne geheimnisvolle Strahlen schickt. Oben wartet eine Lichtung mit einer Wiese und einem nur schlecht getarnten grauen Betonbau. Eines der Mahnmale des Reduitgedankens, wie sie uns während unserer Wanderung noch öfter erscheinen werden. Noch hat sich der Pulverdampf nicht ganz verzogen, denn weiter unten, auf dem St. Luzisteig, hallt zu bestimmten Zeiten immer noch

Im Aufstieg zum Regitzer Spitz eröffnen sich immer wieder Tiefblicke hinunter nach Fläsch und ins Bündner Rheintal …

**Gebiet**
Bündner Rheintal

**Charakterisierung**
Gipfelüberschreitung auf abenteuerlichen Wegen mit schwindelerregenden Tiefblicken.

**Schwierigkeit**
Oft T2, einzelne Stellen T3; die Jägerwegvariante östlich des Hochspannungsmastes (sogenannter Lisigweg) ist T4.

**Wanderzeit**
Fläsch–Regitzer Spitz: 1¾ Std.
Regitzer Spitz–Lida: 40 Min.
Lida–Fläsch via Hölzli oder Lisigweg: 1½ bis 2 Std.

**Höhendifferenz**
Auf- und Abstieg jeweils 630 m

**Ausgangspunkt**
Fläsch (510 m ü. M.)
Weinbaudorf im Bündner Rheintal in der Nähe von Sargans. Die nächstgelegenen Hotels finden sich in Bad Ragaz oder Maienfeld. www.badragaz.ch oder www.buendnerherrschaft.ch.
Mit öffentlichem Verkehr: SBB von Zürich, Chur oder St. Gallen bis Bad Ragaz, Maienfeld oder Landquart. Von dort Postauto nach Fläsch.
Mit Pw: Autobahn Sargans–Chur, Ausfahrt Bad Ragaz, Kantonsstrasse nach Fläsch. Parkplätze am Dorfeingang.

**Wegbeschreibung**
Am westlichen Dorfrand von Fläsch setzt der Wanderweg an, der zuerst in Form eines Fahrwegs, dann aber schon bald als schmaler Fusspfad bergan steigt bis zu einer kleinen Ebene beim Schnielskopf. Die Ebene durchschreiten, dann weiter auf zuerst wieder breiterem, dann sich abermals verjüngendem Weg ansteigend zum Regitzer Spitz (1135 m ü. M.). Die Aussichtsplattform durchqueren und auf der andern Seite auf schmalem Weg absteigen zu einer mässig steilen Lichtung. Diese schräg absteigend nach Norden durchqueren, bis die Wegspuren westlich des Guschaspitzes wieder in einen Fahrweg münden. Auf diesem Alpsträsschen zur Lichtung Lida (Nähe Hochspannungsleitung). Nun auf der Strasse bleibend zur Alp Hölzli und oberhalb dieser auf Bergweg links um eine Felsbarriere herum in die Westflanke des Fläscher Bergs (Bezeichnung des gesamten Massivs). Zuerst auf diesem Bergweg, dann wiederum auf Fahrstrasse in weiten Kehren hinunter und schliesslich zurück nach Fläsch.

**Verpflegung unterwegs**
Keine, nicht einmal Trauben aus dem Weinberg, denn Mundraub ist in Fläsch bei Strafe verboten …

**Karten**
Landeskarte 1:25 000, 1155 Sargans
Landeskarte 1:50 000, 237 Walenstadt

… oder nach Norden zur Gonzen-Alvier-Kette.

Der schräge Mast – das »Wahrzeichen« des Regitzer Spitzes.

**Variante**
Von Lida südlich der Hochspannungsleitung folgend auf Wegspuren zum schrägen Mast. Rund 70 Meter östlich des Mastes altes Wegkreuz und danach steile Wegspuren (Lisigweg) hinunter zur Forststrasse, die nach Fläsch zurückführt. T3–T4, Trittsicherheit absolut erforderlich!

Kanonendonner von den übermächtigen Bergflanken des Falknis herüber.

Wieder verschwinden wir im Nadelgehölz, wieder reihen wir Kehre an Kehre, und dann sind wir oben, oben auf dem Regitzer Spitz. Welche Aussicht! Das Rheintal von Chur bis St. Margrethen, Calanda, Gonzen und Alvier, und dazwischen in der Ferne das Pizolgebiet mit dem Zapfen des Spitzmeilen als Orientierungspunkt. Es bestätigt sich wieder einmal, dass es oft die unscheinbaren, eigentlich nur wenig hohen Gipfel sind, die die interessanteren Weit- und Tiefblicke offenbaren als mancher entrückte Viertausender.

Man geniesst, verweilt, und zieht weiter nordwestwärts – hinunter und vorbei am Guschaspitz zur Alp Lida. Wer es beim Wandern belassen will, folgt der Alpstrasse noch weiter bis zur Alp Hölzli, bevor ein Wanderweg links um einen Ausläufer der Felsbänder herumführt und dann wieder Kurs in Richtung Fläsch nimmt. Wer sich aber vor steilen Wegspuren nicht scheut und trittsicher genug ist, wird bei der Alp Lida abdrehen zu besagtem Hochspannungsmast, der da so schräg in der Landschaft steht. Man wird diesen umrunden, einen Blick über senkrechte Flühe in die Tiefe riskieren und sich fragen: Und da soll ich hinunterkommen? Nein, hier nicht, wird die Vernunft einwenden, aber vielleicht einige Meter weiter oben. Und siehe da: Ein altes Drehkreuz weist den Weg zu einem Jägerpfad, der nur wenig ausgeprägt und teilweise abschüssig, aber nicht wirklich gefährlich hinunterführt zum selben Forstweg, in den sich auch die weniger sportlichen Wanderer eingeklinkt haben – und jene Unentwegten, die auf der andern Seite des Mastes nach der Leiter gesucht haben, die es da laut übereinstimmenden Zeugnissen der einheimischen Jäger geben soll und die fünfzig luftige Meter lang Klettersteiggefühle aufkommen lässt. (DC)

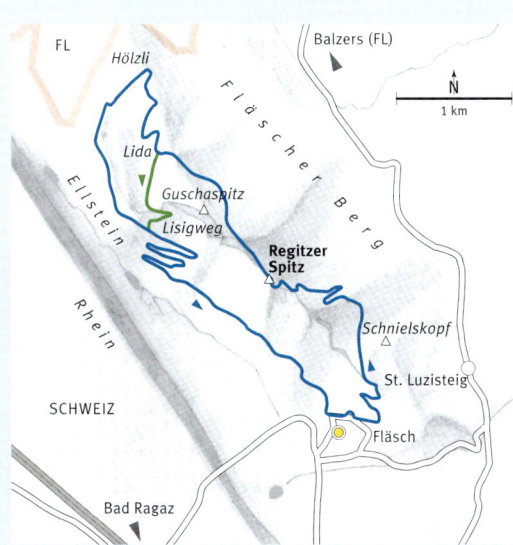

## ■ Rund um den Vilan
# Berg und Bahn

Man kann es drehen und wenden, wie man will: Der Vilan ist ein Genussberg, im Sommer wie im Winter, im Frühling wie im Herbst. Im Winter beginnt dieser Genuss in der Regel in Seewis, im Sommer aber im berühmten Bündner Herrschäftler Weindorf Malans. Genauer etwas ausserhalb des Dorfes, dort, wo die Älplibahn abhebt. Aber aufgepasst: Die Fahrzeit der Bahn beträgt 14 Minuten, die Platzzahl ist beschränkt, und die Wartezeiten lang für all jene, die an schönen Wochenenden nicht reserviert haben. Und es ist nicht einmal so, dass man auf die Dienste der Bahn verzichten und selbst hochsteigen könnte. Denn es sind satte 1200 Höhenmeter, die einem diese mit viel Liebe und Fronarbeit instand gehaltene Bahn erspart.

Die Terrasse der Bergstation mit ihrem sympathischen Beizli bietet das, was einen den ganzen Tag lang nicht mehr loslässt: einen Tief- und Weitblick durch das ganze Rheintal bis mindestens nach Chur und Sargans. Wer noch weiter blicken will, wird es nicht bei der Umrundung des Vilan belassen, sondern vom Gipfel angezogen. Denn vom Obersäss, das man auf dem Rundweg nicht verfehlen kann, ist der Gipfel nur noch knapp 400 Höhenmeter oder eine Bergwanderstunde entfernt. Eine lohnende Zusatzinvestition, denn die Rundsicht vom Vilan ist so einmalig, dass man sich fragt, warum noch kein Milliardär auf die Idee gekommen ist, hier ein Drehrestaurant aufzustellen. Gottseidank hat das noch niemand getan, und so kann man von diesem Kreuzpunkt zwischen Rheintal und Prättigau aus sowohl die Kalkflühe des Rätikon als auch den breiten Rücken des Calanda oder das Pultdach des Gonzen in aller Ruhe bestaunen.

Beim Abstieg dann senkt sich der Blick und nimmt das wahr, was sich gerade vor den eigenen Füssen zuträgt. Denn der Weg windet sich

Auch das gehört zur «Bergarchitektur»: Lawinenverbauungen an der Ostflanke des Vilan.

### Gebiet
Bündner Herrschaft

### Charakterisierung
Eine Rundwanderung, die keine Wünsche offen lässt. Einzige Bedingung: Robuste Knie, denn es geht runter, runter, runter.

### Schwierigkeit
Da und dort muss man aufpassen, dass man den Weg nicht verpasst. Ansonsten keine nennenswerten Schwierigkeiten. T2.

### Wanderzeit
Älpli–Vilan–Frumaschan–Gilieila–Pligugg–Fulli–P. 1208–Fadärastein–Malans: 6–7 Std.
Variante über Älpli–Obersäss–Sadrein–Sadreinegg–Pligugg: 1 Std. weniger.

### Höhendifferenz
Mit Besteigung des Vilan: 600 m Aufstieg, 1800 m Abstieg
Ohne Besteigung des Vilan: 200 m Aufstieg, 1400 m Abstieg

### Ausgangspunkt
Malans (600 m ü. M.)
Malerisches Weinbaudorf in der Bündner Herrschaft. Reservation Älplibahn: Telefon +41 (0)81 322 47 64 oder www.aelplibahn.ch. Unterkunftsmöglichkeiten: www.malans.ch.
Mit öffentlichem Verkehr: SBB bis Landquart, von dort Bus oder RhB bis Malans.

Von Freiwilligen liebevoll gehegt und gepflegt: die Älplibahn von Malans.

Mit Pw: Autobahn Sargans–Chur bis Ausfahrt Landquart, beim Kreisel am Dorfeingang Richtung Malans. Die Talstation der Älplibahn ist ab Dorfmitte Malans ausgeschildert.

### Wegbeschreibung
Von der Bergstation der Älplibahn (1801 m ü. M.) links haltend zur Jeninser Alp. Von dort entweder den Markierungen folgend rechts auf den Vilan (2376 m ü. M.) oder weiter auf dem Höhenweg bleibend über Sadreinegg zum Punkt, wo der Weg hinunter vom Vilan via Frumaschan einmündet. Dann auf verschiedenen Wegen hinunter nach Pligugg. Dort ein kurzes Stück auf der Asphaltstrasse und auf Wanderwegen via Fulli hinunter zu P. 1208. Dort auf Asphaltstrasse wiederum dreihundert Meter westwärts, dann auf Feldweg (etwas unübersichtliche Beschilderung) über Ober Fadära zum Fadärastein. Auf steilem, aber gut ausgebautem Wanderweg den Wegweisern entlang hinunter und nach Malans zurück.

### Unterkunft/Verpflegung unterwegs
Entlang der beschriebenen Route keine. Unterhalb Fadära Richtung Seewis befindet sich ein Bergbeizli.

### Karten
Landeskarte 1:25 000: 1156 Schesaplana, 1176 Schiers
Landeskarte 1:50 000: 238 Montafon, 248 Prättigau

### Variante
Von Sadreinegg Abstiegsmöglichkeit nach Seewis (Postauto). Wanderzeit Älpli–Seewis ohne Vilan: 4 Std., Höhendifferenz im Abstieg 1100 m, T2.

Blick von der Alp Frumaschan ins Prättigau.

Das Rheintal zu Füssen: auf dem Gipfel des Vilan.

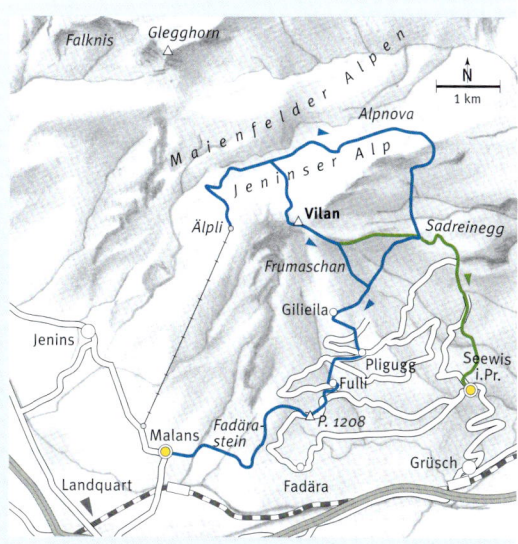

nun steil zwischen Lawinenverbauungen hindurch nach unten, bis er in ein interessantes, durchmischtes Gelände mündet. Durchmischt ist hauptsächlich die Vegetation, und das in einer Buntheit, die sonst nur noch selten anzutreffen ist. Vor allem im Frühsommer sticht einem an besonders geschützten Lagen ein betörender Duft in die Nase, der sich wie ein feines Prickeln über die Nervenbahnen fortpflanzt und im Kleinhirn einen sanften Schauer auslöst. Er kommt von den Bergnarzissen, die hier gedeihen – und nur hier in den östlichen Schweizer Alpen, oder dann erst wieder weit weg im Westen, beim Vanil Noir oder den Rochers de Naye. Idyllische Plätzchen, wo Libellen an kleinen Tümpeln entlangtanzen, wechseln sodann mit mannshohen Grashainen oder Dorngestrüpp ab. Das Wandern auf unterschiedlichen Wegen bis zum Fadärastein gleicht so eher einem Wandeln auf einem biologischen Pilgerweg. Dann noch ein letztes Mal ein Balkon, ein letztes Mal der Blick ins Rheintal bis Chur, und wiederum schlängelt sich der Weg steil hinunter Richtung Malans. Diesmal sind es keine Blumendüfte, die in der Nase kitzeln, sondern das Harz eines ausgetrockneten Nadelwaldes, das einen Hauch Tessin versprüht. Kein Wunder, findet sich in Malans ein Palast der Herren von Salis-Soglio. Sie wussten genau, wo es am schönsten ist in der Bündner Alpenwelt. (DC)

Auf solchen Kalkplatten sind beim Flimser Bergsturz die enormen Gesteinsmassen zu Tal gerutscht.

### ■ Rundwanderung auf dem Flimserstein

# Das Erbe der Zyklopen

Wenn die Skifahrer und Snowboarderinnen, die sich zu Tausenden an den Hängen ob Flims tummeln, wüssten, auf welchem Grund sie sich bewegen und was da vor geologisch nicht allzu langer Zeit passiert ist – sie würden verstummen, sich bekreuzigen und zueinander sagen: Das muss ich mir genauer ansehen. Und zwar im Sommer, wenn der Schnee weg ist und die Zeugnisse dessen, was sich da Unerhörtes zugetragen hat, zutage treten. Sie werden also wiederkommen, wenn sich der Schnee zurückgezogen hat, sich mit der Sesselbahn zur Alp Naraus hinauffahren lassen und dann den Wanderweg zum Crap da Tgina einschlagen. Und unterwegs, mitten in einer steilen Geländemulde, werden sie unter einer dünnen Grasnarbe glitschige Kalkplatten entdecken und sagen: Da ist es geschehen.

Tatsächlich: Vor rund 8600 Jahren sind hier 9 Kubikkilometer Gestein zu Tale gefahren, so viel, dass man damit die ganze Schweiz mit einer rund 30 Zentimeter dicken Schicht überdecken könnte. Mit fürchterlichem Getöse muss es heruntergekracht sein, hat sich pulverisiert, hat auf einer Länge von mehreren Kilometern das Vorderrheintal überdeckt, im Raum Ilanz einen See aufgestaut und ist bis ins Domleschg und ins vordere Safiental eingedrungen. Jetzt ist der See zwar weg, aber die Gesteinsmassen dieses mit einer Ausdehnung von 50 Quadratkilometern grössten kartierten Felssturzes der Welt lassen sich noch immer bestaunen – am besten in der Ruin-Aulta-Schlucht, die man mit der Rhätischen Bahn von Chur Richtung Domat Ems durchquert.

Auf dem Crap la Tgina werden die staunenden Wanderer eine weitere Entdeckung machen. Sie werden zu den Tschingelhörnern hin-

---

**Gebiet**
Vorderrhein

**Charakterisierung**
Nicht schwierige, eindrückliche Panoramarundwanderung für die ganze Familie mit unvergesslichen Ein- und Aussichten.

**Schwierigkeit**
In der Regel T2. Der Abstieg von Pala da Porcs hinunter zur Alp Naraus ist zu Beginn steil und rutschig. Nur bei guten Verhältnissen zu begehen, T3. Diese Stelle kann auch gemieden werden (Aufstieg zum Cassonsgrat, siehe Varianten).

**Wanderzeit**
Alp Naraus–Crap la Tgina–Fil de Cassons–Plaun Sura–Pala da Porcs–Alp Naraus: 6 Std.
Abkürzungen: Siehe Varianten.

**Höhendifferenz**
Insgesamt je 950 m im Auf- und Abstieg.

**Ausgangspunkt**
Flims (1081 m ü. M.)
Bekannter Fremdenverkehrsort auf einer Sonnenterrasse über dem Vorderrheintal. Diverse Hotels, Pensionen, Zeltplatz, Jugendherberge. Infos: www.flims.ch.
Mit öffentlichem Verkehr: SBB bis Chur, dann Postauto bis Flims.
Mit Pw: Autobahn Chur–San Bernardino bis Reichenau, Ausfahrt Flims–Ilanz, dann auf gut ausgebauter Kantonsstrasse nach Flims.

**Wegbeschreibung**
Mit Sesselbahn von Flims über Foppa zur Alp Naraus (1838 m ü. M.). Von dort links hinauf haltend auf Wanderweg über Cassons Sura zu P. 2106 und dann nördlich steil hinauf zum Crap la Tgina. Weiter ostwärts auf dem Gratrücken zum Fil de Cassons (Luftseilbahn) und weiter über den gesamten Grat bis an dessen Ende (2634 m ü. M.). Abstieg rund 200 Höhenmeter, dann westwärts wieder zurück, an P. 2390 vorbei wieder aufsteigend zur Pala da Porcs (P. 2514). Von dort steil absteigend nach Cassons Sura oder Sut und dann zurück zur Alp Naraus.

**Verpflegung unterwegs**
Restaurants bei der Alp Naraus und auf Fil de Cassons (Bergstation Luftseilbahn).

**Karten**
Landeskarte 1:25 000, 1194 Flims
Landeskarte 1:50 000, 247 Sardona

**Varianten**
Kurzvariante: Mit der Luftseilbahn von Alp Naraus hinauf zum Fil de Cassons, von dort Rundwanderung Cassonsgrat–Plaun Sura–Pala da Porcs–Fil de Cassons (Luftseilbahn). T2, rund 300 Höhenmeter im Auf- und Abstieg, 2½ Std.

Genauestens dokumentiert: das Rundumpanorama auf dem Cassonsgrat.

Schwindelerregend: der Blick vom Cassonsgrat hinunter ins Tal von Mulins.

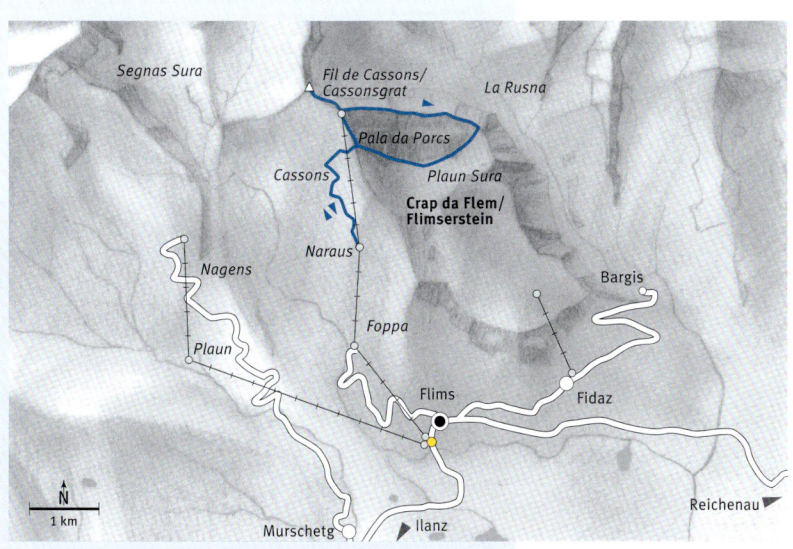

überschauen – richtig, die berühmten Tschingelhörner mit dem Martinsloch, durch welches immer am 12./13. März und am 30. September/ 1. Oktober die Sonne hindurchdringt, die auf der andern Seite genau den Kirchturm der Kirche von Elm trifft. Und sie werden sich fragen, was die Streifen bedeuten, die sich durch diese Felsbarriere ziehen. Die Antwort werden sie erhalten, wenn sie auf dem Cassonsgrat angekommen sind und auf dem Panoramagratweg Richtung Osten marschieren. Denn dort stehen Schautafeln verteilt mit präzisen Erklärungen. Von 250 Millionen Jahre altem, dunklem Verrucanoschiefer ist da die Rede, der sich vor rund ein bis zwei Dutzend Millionen Jahren als ganzes Gesteinspaket über den dreimal jüngeren und helleren Flysch geschoben hat. Sie werden nochmals hinschauen und zu verstehen versuchen, welcher Druck, welche Gewalt nötig war, um solches zu bewerkstelligen. Und wenn sie nicht an die Geschichte der Alpenfaltung glauben mögen, werden sie zueinander sagen: Das muss ein Zyklop gewesen sein. Dasselbe Urwesen, das auch den Flimserstein hingeklotzt hat, um sich von der Anstrengung des Felsenschiebens darauf sitzend etwas auszuruhen, und das sich beim Aufstehen mit der rechten Pranke so mächtig abgestützt hat, dass die eine Hälfte dieses Sitzes abrutschte …

Von solcherlei Gedanken umgetrieben werden unsere Wanderer den Weg auf der Plaun Sura zurückgehen, allerhand Wissenswertes über Geologie und Flora von Tafeln lesen und bei der Pala da Porcs wieder steil hinunterstechen in die Hänge, die sie im nächsten Winter anders befahren werden – langsamer, mit mehr Demut und Ehrfurcht. (DC)

## Rundwanderung Pazolastock–Tomasee

# An der Quelle

Der Kanton Graubünden ist gross, der flächenmässig grösste Kanton der Schweiz. Aber auch Graubünden hat seine Grenzen. Zum Beispiel beim Oberalppass. Von Norden her kommend senkt sich die Kantonsgrenze auf den Pass hinunter und steigt auf der Südseite des Passes einer Krete entlang hinauf zum Pazolastock. Logischerweise trägt dieser Berg, da er ja ein Grenzberg zwischen Uri und Graubünden ist, noch einen zweiten, romanischen Bündner Oberländer Namen: Piz Nurschalas. Und so geht's weiter: Auf der Krete Richtung Süden wandernd erkennt man rechter Hand oberhalb von Surpalits und Plidutscha die Puozas dil Lai, während auf der Urner Seite die Vordere Seeplangge zu den Staflen hinunterreicht oder der Schijen ins Höreli mündet, um über die Eggen in den Graben abzutauchen.

Dieser Grat scheidet aber nicht nur die Sprachen und Kulturen, sondern auch das Wasser. Während es auf der Westseite in die Reuss abfliesst, sammelt es sich auf der östlichen Seite im Lai da Tuma, einem See, der sich in einem Kar gebildet hat; als Kar bezeichnen Geologen die vom Gletscher ausgefressenen Geländemulden auf dieser Höhe. Und der Bergbach, der von diesem Seelein ausgeht, trägt den stolzen Namen «Rein da Tuma». Wenn man diese Namensgebung als Richtschnur nimmt, dann entspringt der Rhein also hier, am Tomasee. Zumindest der Vorderrhein. Und wenn man davon ausgeht, dass der Hinterrhein bei Reichenau in den Vorderrhein fliesst und nicht umgekehrt, dann ist der Fall klar: Hier entspringt er also, dieser Fluss, der nach 1320 Kilometern bei Rotterdam als grösster Strom Mitteleuropas in die Nordsee mündet.

Grund genug, diesem See einen Besuch abzustatten. Dies macht man am besten in Verbindung mit einer Rundwanderung, die vom

Ziegen am Rossbodenstock.

**Gebiet**
Oberalp

**Charakterisierung**
Lohnende, alpine Rundwanderung mit vielen Reizen.

**Schwierigkeit**
T2–T3. Zum Teil nur Wegspuren.

**Wanderzeit**
Oberalppass–Pazolastock–Badushütte–Oberalppass: 5 Std.

**Höhendifferenz**
Rund 800 m

**Ausgangspunkt**
Oberalppass (2044 m ü. M.).
Übernachtungsmöglichkeiten: Tourismusbüro Andermatt, Telefon +41 (0)41 887 14 54, oder Tourismusbüro Sedrun/Disentis, Telefon +41 (0)81 920 40 30.
Mit öffentlichem Verkehr: SBB bis Göschenen, dann Matterhorn-Gotthard-Bahn (MGB) durch die Schöllenen nach Andermatt und von dort zum Oberalppass. Oder SBB nach Chur, von dort RhB nach Disentis und MGB via Sedrun zum Oberalppass.
Mit Pw: Gleiche Route.

**Wegbeschreibung**
Von der Oberalppasshöhe zuerst moderat, dann recht steil ansteigend in südwestlicher Richtung zu P. 2572 (Übergang nach Andermatt). Beginn des Gratwegs hinauf zum Pazolastock (2740 m ü. M., 1¾ Std.). Vom Pazolastock auf dem Grat haltend zu P. 2743. Von dort nach links absteigend über den Fil da Tuma zur Badushütte und rechts ausholend hinunter zum Lai da Tuma. Nun wieder nördlich auf gutem Wanderweg mehr oder weniger den Höhenkurven entlang zurück zum Oberalppass.

**Unterkunft/Verpflegung unterwegs**
Badushütte (2505 m ü. M.)
Kleines, heimeliges Berghaus über dem Lai da Tuma, dem Quellsee des Vorderrheins. Von Juli bis September einfach bewirtet. Nahrungsmittel selbst mitbringen. 22 Plätze. Sektionseigene Hütte des SAC Manegg. Reservation: Telefon +41 (0)44 301 48 56 oder +41 (0)44 305 20 83.

**Karten**
Landeskarten 1:25 000, 1232 Oberalppass, 1231 Urseren
Landeskarten 1:50 000, 256T Disentis, 255T Sustenpass

**Variante**
Von P. 2743 zum Rossbodenstock (1135 m ü. M., Steilstufe). Vom Rossbodenstock auf Wegspuren steil hinunter zu P. 2698, dann in leichter Blockkletterei und auf Wegspuren über den Älpetligrat zu P. 2749. Von dort in 40 Min. zum Gipfel des Piz Badus. Vom Gipfel wieder zurück zu P. 2749 und auf Wegspuren hinunter zum Lai da Tuma. T3–T4, zusätzlicher Zeitbedarf: 2–3 Std.

Hier soll der Rhein entspringen: der Lai da Tuma aus der Vogelperspektive.

Der Gipfelsteinmann auf dem Pazolastock im ersten Morgenlicht.

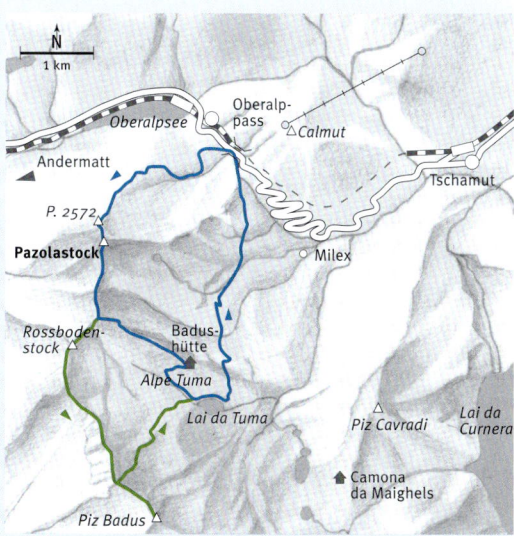

Im Aufstieg zum Rossbodenstock gilt es einige mächtige Felsblöcke zu umgehen.

Oberalppass ausgeht. Zuerst geht es moderat, dann recht steil ansteigend in südwestlicher Richtung zum Punkt 2572, der zugleich als Übergang nach Andermatt dient. Hier beginnt der Gratweg, der hinaufführt zum Pazolastock. Wer früh genug unterwegs ist, findet hier eine ideale Gelegenheit, die Sonne über dem Bündner Oberland aufgehen zu sehen. Lautlos senkt sich der lilafarbene Sonnenlichtstreifen von oben vor den graublauen Morgenhimmel, und sobald dieser Streifen hinten beim Galenstock anhängt, lugt auch schon rotgelb ein Sonnenzipfel hinter dem Gipfelsteinmann des Pazolastocks hervor.

Bekannt ist dieser Berg vor allem im Winter wegen seiner herrlichen Abfahrten hinunter nach Andermatt. Dazu muss man aber hinüberqueren zum Rossbodenstock – mit den Skiern ein oft mühsames Unterfangen. Nicht so mit den Bergschuhen im Sommer: Locker lässt es sich hinaufkraxeln zum Rossbodenstock, wo einen das Gebimmel von Ziegenglöcklein erwartet und ein direkter Einblick in die Nordostflanke des Pizzo Centrale. Doch so weit brauchen wir nicht zu gehen: Schon vorher kann man auf den Tumagrat einbiegen, den die Romanen «Tumafaden» («Fil da Tuma») nennen, weil er fadengerade hinunterführt zur Badushütte.

Hier wird man wieder in breitem Zürcher Dialekt empfangen. Freiwillige der SAC-Sektion Manegg teilen sich hier in den Hüttendienst, jedes Wochenende eine andere Crew, von Juli bis September. Eine Rast ist hier gesetzt, bevor man hinunterstich zum Lai da Tuma, dessen Wasser zwar berühmt, aber dennoch bloss blau ist. Trotzdem: Jetzt, wo man um die Bedeutung dieses Seeleins als Rheinquelle weiss, bleibt man stehen, zieht ehrerbietig den Sonnenhut und gedenkt des langen Weges, den dieses Wasser hier zurücklegen muss, um endlich ins Nirwana des Meeres einzugehen. Unser Weg aber, er führt nun in direkter Linie zurück zum Oberalppass. (DC)

### Greina-Rundwanderung

# Der Traum von der unberührten Natur

Die Greinaebene und das Matterhorn haben etwas gemeinsam: Beide sind nicht nur herausragende Naturschönheiten, sondern haben auch Symbolcharakter mit mythischer Dimension. Wenn es beim Matterhorn die dramatische Besteigungsgeschichte ist, die viel zu diesem Status beigetragen hat, dann ist es bei der Greinaebene der Kampf gegen die Stromlobby. Zwei Gesellschaften wollten schon 1957 die Hochebene hinter einer 80 Meter hohen Staumauer versenken, als die hohen Kosten des in den Atomkraftwerken produzierten Stroms die Planung von neuen Wasserkraftwerken bewirkten. Es dauerte 29 Jahre, bis das Baukonsortium unter dem enormen Druck der von der Schweizerischen Greina-Stiftung sensibilisierten Öffentlichkeit den Verzicht auf das Greinaprojekt und damit auf genau 0,3 Prozent der Landesversorgung mit Strom bekannt gab. Zu den Profiteuren gehört nicht nur die Natur. Es sind auch die Gemeinden Vrin und Sumvitg, die vom Bund auf Jahrzehnte hinaus je 340 000 Franken jährlich als Entschädigung erhalten. Und es sind nicht zuletzt die Berghütten und Talorte, die vom Wanderparadies der Greinaebene profitieren.

Mittlerweile wollen so viele Leute die Greina durchstreifen, dass auch die Autolinee Bleniesi reagierten und ab Disentis attraktive Kurse direkt zu den Toren der Greinaebene anbieten. Ebenso haben der Verkehrs-Club der Schweiz zusammen mit dem SAC und der Schweizer Arbeitsgemeinschaft für Berggebiete einen «Alpentäler-Bus» eingerichtet, der auch die Zugänge zur Greinaebene bedient. Für jene, die die Greinaebene als Rundwanderung geniessen wollen, sind das der Luzzone-Stausee und der Pian Geirett oberhalb von Campo Blenio. Mit dieser Zufahrtshilfe zum Start- und Zielort wird es möglich, die

Laune der Natur: das gigantische Felsentor zwischen dem Passo della Greina und der Capanna Scaletta.

**Gebiet**
Adula

**Charakterisierung**
Nach einem kürzeren oder längeren Anstieg eher ein Wandeln als ein Wandern, den Blick in der Weite einer in unserem Land einzigartigen Hochebene.

**Schwierigkeit**
Im Wesentlichen T2. Bei Begehung der Canyons T3–T5.

**Wanderzeit**
Campo Blenio–Pian Geirett: Postauto oder 2 Std.
Pian Geirett–Capanna Scaletta: 1 Std.
Capanna Scaletta–Capanna Motterascio: 2–3 Std., je nach Route
Capanna Motterascio–Lago di Luzzone: 2 Std.
Lago di Luzzone–Campo Blenio: Postauto oder 1 Std.
Mit dem Weiler Cozzera als Ausgangspunkt: Reduktion der Wanderzeit um insgesamt 45 Min.

**Höhendifferenz**
Cozzera–Pian Geirett: 700 m
Pian Geirett–Capanna Scaletta: 200 m
Capanna Scaletta–Capanna Motterascio: 150 m Aufstieg, 200 m Abstieg
Capanna Motterascio–Lago di Luzzone: 550 m
Lago di Luzzone–Cozzera: 300 m

**Talort/Ausgangspunkt**
Campo Blenio (1205 m ü. M.)
Bauerndorf mit etwas Tourismus-Infrastruktur, mit dem Haupttal und der Lukmanierstrasse durch einen langen, schmalen Tunnel verbunden. Albergo: Trattoria Genziana, 20 Plätze, Telefon +41 (0)91 872 11 93. Weitere Infos: Blenio Turismo, Telefon +41 (0)91 872 14 87, www.blenio.com.
Mit öffentlichem Verkehr: SBB bis Biasca, von dort Postauto via Olivone bis Campo Blenio–Diga di Luzzone oder Pian Geirett. Ab 10 Personen Reservation unerlässlich, Telefon +41 (0)91 862 31 72. Weitere Infos über die aktuellen Kurse: www.autolinee.ch, www.sbb.ch oder Blenio Turismo; Infos zum Alpentälerbus: www.sab.ch.
Mit Pw: Gotthardautobahn bis Ausfahrt Biasca, dann Lukmanierstrasse bis Olivone, dort weiter nach Campo Blenio.

**Wegbeschreibung**
Von Campo Blenio oder Cozzera auf Wanderweg das Val Camadra hinauf bis zum Pian Geirett. Von dort auf Wanderweg in weitem Bogen oder auf inoffiziellem Bergweg direkt zur Capanna Scaletta. Von der Hütte wiederum entweder weiss-rot-weiss über den Passo della Greina oder weiss-blau-weiss durch die Schlucht in die eigentliche Greinaebene. Nach dem zweiten Canyon rechts hinaufhaltend zum Crap la Crusch (grosser Felsbrocken mit Kreuz). Nun südsüdöstlich zur Capanna Motterascio. Nach der Hütte dem Hüttenweg folgend zuerst steil absteigend, dann längere Zeit dem Luzzone-Stausee entlang zur Staumauer. Entweder mit Postauto oder auf Wanderweg hinunter nach Cozzera/Campo Blenio.

Zum Träumen: Allein auf der in spätherbstliches Weiss getauchten Greina-Hochebene.

Schon winkt das nächste Tourenziel: das Medelsergebiet.

### Unterkunft/Verpflegung unterwegs

Capanna Scaletta SAT (Società Alpinistica Ticinese), 2205 m ü. M. am Westende der Greinaebene. Blick hinunter ins Val Camadra und in das Valle di Blenio. 58 Plätze, bewartet von Juni bis Oktober, Telefon +41 (0)91 872 26 28, www.capanneti.ch/scaletta.

Capanna Motterascio SAC, 2172 m ü. M., aussichtsreich am Südende der Greinaebene gelegen, renoviert und erweitert. Bewartet von Mitte Juni bis Mitte Oktober, Telefon +41 (0)91 872 16 22, www.capanneti.ch.

### Karten

Landeskarte 1:25 000, 1253 Olivone, 1233 Greina
Landeskarte 1:50 000, 256 Disentis, 266 Leventina

### Varianten

Zugang zur Greinaebene auch vom Val Lumnezia und Val Sumvitg über die Terrihütte möglich. Interessante Postauto-Spezialkurse, Infos: www.autolinee.ch.

### Literatur

Angelo Valsecchi, Greina unsere Tundra. Handliches Büchlein für den Rucksack, herausgegeben von der SAC-Sektion Ticino, 2003.
La Greina, Fotografien von Herbert Mäder, Verlag Bündner Monatsblatt, Chur 1995.

Greinaebene auch in einem Tag ohne Stress zu geniessen. Und wer die Greinaebene wirklich entdecken will, wird sich nicht unbedingt an die weiss-rot-weiss markierte Hauptpiste halten, sondern schon von der Capanna Scaletta hoch über dem Pian Geirett aus den Bergweg durch den canyonartigen Einschnitt wählen. Man wird dabei erfahren, wie sich plötzlich die Farbe und die Qualität des Gesteins radikal verändern: von Schwarz zu Ocker, von schiefrig zu brüchig. Es ist dieser zerklüftete Dolomit, der mit seinen Türmen und einer riesigen Brücke rechter Hand, die sich im übrigen leicht durchsteigen lässt, der ganzen Ebene seinen geologischen Stempel aufdrückt und im starken Kontrast steht zum fast schwarzen Kalkschiefer. Zwei liebliche Schwemmebenen weiter wartet der zweite, nun aber bedeutend engere Canyon, der sich bei niedrigem Wasserstand ab etwa der Hälfte (Steinmann beachten) ebenfalls zu Fuss entdecken lässt. So wird aus einer gemütlichen Weitwanderung eine abenteuerliche Alpinwanderung, die uns noch mehr von dem erfahren lässt, was die Greinaebene auch ist: ein wildes Hochtal mit einem fast kontinentalen Mikroklima, Wind und Wetter schutzlos ausgesetzt. Daher soll auch der Name «Greina» kommen, von den stechenden kleinen Hagelkörnern nämlich, die einem ins Gesicht peitschen. Weitere mögliche Ableitungen sind das rätoromanische Wort «crena» für Kerbe, Einschnitt oder gar das lepontinische «karena» für Hirsch. Hirsche wird man hier aber nur selten zu Gesicht bekommen. Dafür eine Hochgebirgstundra im Kleinformat, mit zwei kleinen Canyons und einem steinernen Triumphbogen, wie wir ihn sonst nur von Fotos ferner Länder kennen. (DC)

### Rund um San Bernardino
# Kreisen über dem Misox

San Bernardino, den Pass, kennen die meisten. Aber das Dorf? Das lässt man in der Regel rechts oder links liegen, je nachdem, ob man von Süden oder von Norden her kommend durch das dunkle Loch braust. Was man wahrnimmt, ist die Enge des Misox. Was man aber nicht merkt, ist, dass das Dorf San Bernardino auf einer Geländeterrasse sitzt, die zwar klein ist, aber auf engem Raum viel Naturschönheit zu bieten hat.

Das hat auch die Sekundarschule von Roveredo gemerkt, und die Schülerinnen und Schüler haben die Informationen zu einem Themenweg zusammengestellt, der einen wirklich neuen Blick auf San Bernardino ermöglicht. Und anders als bei andern solchen Schulprojekten, die in einer Handvoll schon bald verblichener Holztafeln endeten, stimmt hier auch die technische und gestalterische Umsetzung: Der Themenweg ist professionell aufgemacht, gut kommuniziert und besticht durch eine interessante Routenführung.

Wer sich also – und sei es nur bei der Durchreise – zwei oder drei Stunden Zeit nehmen kann, soll bei San Bernardino die Autobahn verlassen und ins Dorf hineinfahren. Bei der Brücke am nördlichen Dorfeingang ist die Infotafel montiert, die in italienischer und – auf der flusswärts gerichteten Hinterseite – auch in deutscher Sprache eine Übersicht über die kleine Welt gibt, die hier zu entdecken ist.

Wenige Meter sind es, und schon kann man durchatmen: Der Weg führt durch lichten Weidewald, und vor einer kleinen Alphütte (nur eintreten!) erfahren wir einiges über die Berglandwirtschaft. Der nächste Posten ist der Lago Doss, ein «postglazialer See», wie er-

**Gebiet**
San Bernardino

**Charakterisierung**
Einfacher Rundweg für die ganze Familie. Badezeug nicht vergessen!

**Schwierigkeit**
Keine. T1–T2.

**Wanderzeit**
Für den Themenweg mit allen Abstechern: 3 Std. Ohne Brücke Vittorio Emanuele und die Schlangenfichte von Caurga: 2 Std.

**Höhendifferenz**
Etwa 150 Meter im Auf- und im Abstieg

**Ausgangspunkt**
San Bernardino (1608 m ü. M.)
Strassendorf mit hübschem Ortskern am Ausgang des San-Bernardino-Autobahntunnels. Gute Tourismus-Infrastruktur. Infos: www.sanbernardino.ch.
Mit öffentlichem Verkehr: SBB bis Bellinzona oder Chur, von dort direkte Postautoverbindungen.
Mit Pw: San-Bernardino-Autobahn Bellinzona–Thusis bis Ausfahrt San Bernardino.

**Wegbeschreibung**
Von San Bernardino leicht aufsteigend in südöstlicher Richtung zur Alpe de Pian Doss. Abstieg zum Lago Doss, dann die Kantonsstrasse überquerend auf Alpstrasse zum Aussichtspunkt und dem Hochmoor bei Suossa. Abstieg zum Lago d'Isola, evtl. Abstecher südlich zur Schlangenfichte von Caurga. Ansonsten direkt zurück nach San Bernardino. Der ganze Weg ist speziell beschildert.

Es lächelt der Lago Doss, er ladet zum Bade ...

Es lohnt sich auszusteigen, statt achtlos darüber hinwegzubrausen: die Brücke Vittorio Emanuele der San-Bernardino Passstrasse.

### Unterkunft/Verpflegung unterwegs
Evtl. Standbetrieb am Lago Doss.

### Karten
Landeskarte 1:25 000, 1254 Hinterrhein, 1274 Mesocco
Landeskarte 1:50 000, 267 San Bernardino

### Varianten
Sehr eindrücklich ist auch der Römerweg von San Bernardino auf den gleichnamigen Pass oder zurück. Im oberen Teil zwischen Sass de la Golp und der Passhöhe sind die Wegspuren aus römischer Zeit sehr gut erhalten. Dies inmitten einer lieblichen Busch- und Moorlandschaft. Wanderzeit ca. 2 Std. ab San Bernardino, alle zwei Stunden ein Postautokurs ab Passhöhe.
Für ausdauernde Bergwanderer ergibt die Rundtour San Bernardino–Val Vignun–Strec de Vignun–Val Curciusa–Bocchetta de Curciusa–San Bernardino ein gerütteltes Tagesprogramm (ca. 7 Std.).

Das Misox zu Füssen: Moment des Staunens vor Suossa.

klärend beigefügt ist. Auch das gibt es also bei San Bernardino: einen richtigen Badesee, der gerade in heissen Sommertagen willkommene Abkühlung bringt. Natürlich, an Sommersonntagen mitten in den Ferien ist man hier nicht allein, aber was soll's? Wen das stört, der wird seinen Weg einfach fortsetzen und sich unweit dieses Rummelplatzes einsam und allein auf einer Bank niederlassen, von der sich ein wirklich einmaliger Tiefblick hinunter ins bündnerische Misox auftut. Wenig weiter wird man sodann staunend vor dem ausgedehnten Hochmoor von Suossa stehen – auch dafür ist auf der San Bernardiner Sonnenterrasse noch Platz! Und immer wieder plätschert das Wasser aus liebevoll hergerichteten Brunnen, die entlang des ganzen Themenweges nie Durst aufkommen lassen. Wer will, kann nach Erreichen des Isola-Stausees noch einen Abstecher machen zur europaweit sehr seltenen Schlangenfichte bei Caurga oder auf der Höhe des Dorfes noch weitergehen bis zur historischen Brücke Vittorio Emanuele. Wenn Kinder dabei sind, wird man aber zweifellos hängen bleiben beim grossen Spielpark am nördlichen Ende des Lago d'Isola, wo ein attraktiver Seilpark eingerichtet ist. Das ist auch gut so: Denn wenn man auf den Spuren vergangener Zeiten wandeln will, muss man ohnehin sogleich den Römerweg von San Bernardino hinauf zum Pass unter die Füsse nehmen – aber das ist eine andere Geschichte ... (DC)

## Rund um die Alpen ob Wergenstein

# Im wilden Osten

Wenn es in der neueren Schweizer Kulturgeschichte eine Erfolgsstory gibt, dann ist es die Wiederansiedlung des Steinbocks in den Schweizer Alpen. Kein Tier ist den Schweizern so lieb geworden wie der Steinbock. Er stiftet nicht nur einen Teil der Identität des ganzen Landes, sondern trägt auch massgebliche Schuld daran, dass Jahr für Jahr im Herbst einige Hundert der sonst so friedliebenden Schweizerinnen und Schweizer in einen eigenartigen Zustand verfallen, von obskuren Mächten getrieben zur Waffe greifen und sich in die Berge zurückziehen. Dort sind in unwegsamen Tobeln und Chrächen plötzlich Schüsse zu vernehmen, und alsbald spricht es sich herum: «Der Heiri hat einen Steinbock geschossen.» Tausende dieser Tiere sind alljährlich zum Abschuss freigegeben, um den Bestand zu regulieren, der sonst aus den Fugen geraten würde. Denn die Lebensbedingungen für diese neugierigen Kletterkünstler sind in den Schweizer Alpen ideal. Besonders in Graubünden, und dort ganz speziell im Niemandsland zwischen dem Safiental und dem Domleschg. Dort, wo die Kräfte der Erosion zwischen dem Piz Beverin, dem Bruschghorn und den Pizzas d'Anarosa eine ganz eigene Alpenwelt geschaffen haben. Eine Alpenwelt, in der neben den Steinböcken und Murmeltieren ein noch selteneres Wesen anzutreffen ist: der Specht. Ja, denn nicht selten hört man unregelmässige Klopfgeräusche. Dann wieder ist es ruhig, plötzlich vernimmt man einen trockenen Knall. Es sind sogenannte Steinspechte, besser bekannt als Strahler, das heisst Mineraliensucher, die noch immer fündig werden in den Bergflanken zwischen Piz Beverin und Bruschghorn. Und in den vielen ausgeräumten Kluften lässt sich beim Vorbeigehen auch von nicht lizenzierten Steinamseln noch die eine oder andere Funkelspitze erbeuten.

Am Fuss der Steinwüste breitet sich der Laj Grand aus. Im Hintergrund der Piz Beverin.

**Gebiet**
Schams

**Charakterisierung**
In weiten Teilen nicht schwierige, landschaftlich reizvolle und geologisch hochinteressante Rundtour in einem vom Schams und Safiental abgetrennten Gebirgsmikrokosmos eigener Prägung.

**Schwierigkeit**
Der Aufstieg zum Schwarzhorn ist teilweise weglos und schrofendurchsetzt. T4. Ansonsten vielerorts weglos in gutmütigem Gelände, T3. Schwierige Orientierung bei Nebel!

**Wanderzeit**
Alp Curtginatsch Parkplatz–Pass zwischen Schwarzhorn und Muttolta–Farcletta digl Lai Grand–Lai Grand–Alp Curtginatsch Parkplatz: 4–5 Std.
Mit Besteigung Schwarzhorn: 6–8 Std.

**Höhendifferenz**
Ohne Schwarzhorn: 400 m
Mit Schwarzhorn: 800 m

**Ausgangspunkte**
Wergenstein (1489 m ü. M.)
Kleines Bergdorf hoch über dem Schams. Unterkunft: Hotel Piz Vizàn, Telefon +41 (0)81 630 71 72, info@piz-vizan.ch.
Mit öffentlichem Verkehr: RhB von Chur bis Thusis, dann Postauto nach Wergenstein. Von dort Gebirgstaxi nach Curtginatsch, Infos: Verkehrsverein Schons, Telefon +41 (0)81 661 18 69.
Mit Pw: San-Bernardino-Autobahn bis Ausfahrt Zillis, beim Dorfende rechts Richtung Mathon–Wergenstein. Von Wergenstein Alpstrasse über Dumagns nach Curtginatsch.

Bei Variante: Cufercalhütte (2385 m ü. M.)
Ursprüngliche, heimelige SAC-Hütte auf halbem Weg von Sufers zur Farcletta digl Lai Pintg. Nicht durchgehend bewartet, Mahlzeiten nur auf Anmeldung. 30 Plätze. Telefon +41 (0)91 832 14 13 oder +41 (0)79 346 05 08, m-caduff@bluewin.ch, www.cufercal.ch.
Zustieg: Von Sufers über Glattenberg oder Lai da Vons, 2 Std. T2.

**Wegbeschreibung**
Vom Parkplatz Curtginatsch auf Alpstrasse zur Alp Curtginatsch. Weiter weitgehend weglos südwestwärts über Plan Darmeras in die Geländekammer zwischen Muttolta und dem Gelbhorn-Schwarzhorn-Massiv bis zum Pass mit dem markanten weissen Gipsplateau linker Hand. Auf Wegspuren auf der Höhe des Passes bleibend rechts unter der Felsbarriere ausholend und durch diese hindurch in die Plattenschüsse, die hinaufführen zum Schwarzhorn. Teilweise weglos in diesen hinauf auf den Gipfel (3032 m ü. M.). Zurück zum Gipsfelsen, südwestlich des Muttolta hindurchquerend zur Farcletta digl Lai Grand. Auf Wegspuren hinunter zum Lai Grand, dann weglos nordwärts direkt zur Alp Curtginatsch und von dort zum Parkplatz.

Von Neugierde getrieben: Ein Steinbock beäugt die Gäste im Revier.

Hände aus den Hosentaschen: Besteigung des Schwarzhorns (vorne) über das Gelbhorn.

**Unterkunft/Verpflegung unterwegs**
Keine.

**Karten/Literatur**
Landeskarte 1:25 000, 1235 Andeer
Landeskarte 1:50 000, 257 Safiental
Eine Beschreibung der Hochtour
Glaspass–Bruschghorn–Gelbhorn–Schwarzhorn findet sich im Buch «Hoch hinaus», SAC-Verlag, Bern 2006.

**Varianten**
– Vom Pass mit dem Gipsfelsen absteigen über den Höllgraben ins Safiental (nur bei guten Verhältnissen, T4, 2½ Std.).
– Vom Lai Grand zum Lai Pintg und über die Farcletta digl Lai Pintg zur Cufercalhütte, T3, 1½ Std.
– Aufstieg vom Parkplatz Curtginatsch zum Carnusapass. Weiter zum Piz Tarantschun oder zum Bruschghorn, T3–T4, 2–3 Std.

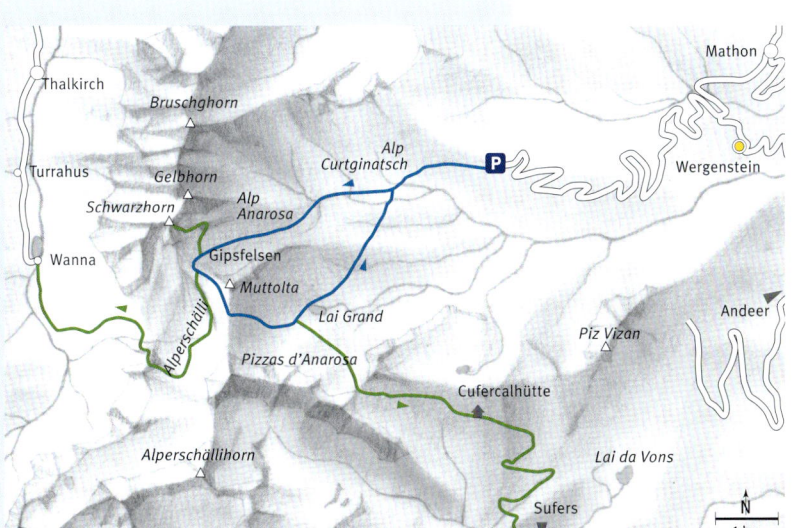

Die billigste, wenn auch nicht die romantischste Eingangspforte in diese Landschaft des wilden Ostens ist der Parkplatz vor der Alp Curtginatsch hoch über Wergenstein. Die Einheimischen haben es so gewollt und die Alpstrasse für den Verkehr freigegeben. Zugegeben, das eröffnet natürlich ungeahnte Möglichkeiten für eine Tagestour: Rauf auf das Bruschghorn oder, wie wir empfehlen, eine Rundwanderung zum Gipsfelsen auf dem Pass zwischen dem Schwarzhorn und dem Muttolta, dort, wo die Gelbhorndecke vom Bänderkalk der Pizzas d'Anarosa abgelöst wird. Dann, warum nicht, ein Abstecher auf das Schwarzhorn mit seinem schwindelerregenden Tiefblick direkt in den Talabschluss des Safientals. Es lohnt sich, im Abstieg die schwarzen Schieferplatten am Wegrand umzudrehen – gut möglich, dass man plötzlich einen kapitalen Ammoniten in den Stein gedrechselt sieht. Oder dann versteinerte Muscheln in handgrossen Portionen zum Mitnehmen. Vom Pass mit dem Gipsfelsen geht die Tour weiter zur Farcletta digl Lai Grand und dann – ein erfrischendes Bad im malerischen Lai Grand inklusive – zurück zum Parkplatz.

Wie gesagt – bequem ist das, aber nicht unbedingt romantisch. Romantischer wäre eine Zweitagestour in dieses Gebiet, zum Beispiel über die heimelige Cufercalhütte ob Sufers, oder – abenteuerlich – über den Höllgraben im hintersten Safiental. Oder als Übergangswanderung von einem dieser Orte hinauf und zum andern hinunter. Aber eben – meist siegt die Bequemlichkeit. Dann bietet die vorgeschlagene Rundwanderung einen tiefen Einblick in ein kostbares Naturerbe. Immerhin. (DC)

Müde vom Abstieg: Der Schafhirt aus Portugal hilft einem kleinen Lamm über die letzten Meter nach Arosa.

■ Rund um das Aroser Älpliseehorn

# Babylon in den Alpen

Arosa ist ein Fremdenverkehrsort, mit den typischen Merkmalen eines solchen Ortes: Parkhäuser unter Hotelkomplexen, dicht gedrängte Chalets und Bahnanlagen, die die Flucht aus der Zivilisation so rasant beschleunigen, dass die Seele gar nicht nachfolgen kann und dann in der Natur das wiederum braucht, wovon sie eigentlich wegkommen wollte: eine Sennenrösti mit einem Bier in einer rauchigen, überfüllten Bergbeiz.

Das ist eigentlich schade. Denn Arosa hat mehr zu bieten. Zum Beispiel eine interessante Geschichte. Die Geschichte der Walser nämlich, die im Spätmittelalter vom Oberwallis herkommend ins Rheintal vordrangen, um von dort in die umliegenden Berggebiete von Davos und Arosa weiterzuziehen. Davon ist im Dorf Arosa leider nicht mehr viel zu sehen. Woran man die Präsenz der Walser aber ablesen kann, sind die Flurnamen. Sie zeichnen eine Grenze zwischen dem Gebiet der Walser und demjenigen der Romanen, wie sie keine Karte schärfer zeichnen könnte. Und diese Grenze führt durch das Welschtal, das Tal der Welschen also, wie die Walliser damals genannt wurden, das sich von Arosa aus über vier Kilometer in südwestlicher Richtung hinzieht. Es ist ein einsames, verlassenes Tal, das weder Bahn noch Baggerzahn je erreichten. Ein Tal, in dem die Seele ankommen kann, während man dem Welschtobelbach entlang wandert, eine Stunde oder noch länger, bis rechts eine kleine Hütte erscheint. Sie heisst Ramoz wie die nahe Alp und zeigt an, dass hier wieder die Romanen das Sagen hatten und offenbar ihr Vieh von Alvaneu in das steile und lange Val digl Guert und über die 2573 Meter hohe Furcletta hierher trieben.

**Gebiet**
Mittelbünden

**Charakterisierung**
Einsame, alpine Rundwanderung ganz nah bei Arosa – und doch weit weg.

**Schwierigkeit**
Die Wanderwege sind gut beschildert und gut sichtbar, T2. Nur der Abstieg vom Erzhornsattel zur Plessur ist steil und rutschig. Je nach Verhältnissen T3–T4.

**Wanderzeit**
Arosa–Ramozhütte (Übernachtungsmöglichkeit): 2 Std.
Ramozhütte–Erzhornsattel: 1 Std.
Erzhornsattel–Arosa: 2½ Std.

**Höhendifferenz**
1300 m im Auf- und Abstieg

**Talort/Ausgangspunkt**
Arosa (1618 m ü. M.)
Bekannter Fremdenverkehrsort. Diverse Hotels, Pensionen, Zeltplatz, Jugendherberge. Infos: www.arosa.ch.
Mit öffentlichem Verkehr: SBB bis Chur, von dort RhB nach Arosa.
Mit Pw: Autobahn bis Chur, am besten Ausfahrt Chur Süd, und dann Richtung Stadtzentrum. Die Strasse nach Arosa beginnt am südlichen Rand der Altstadt und führt in steilen, zuweilen unübersichtlichen Kehren ins Schanfigg. Dann Bergstrasse mit stark variierendem Ausbaustandard bis Arosa.

**Wegbeschreibung**
Mit dem Ortsbus oder dem Auto bis ganz unten an der Plessur zur Kläranlage (ARA) oder zu P. 1731 oberhalb des Zeltplatzes (Haarnadelkurve). Von dort ins Welschtobel und bis zur Ramozhütte. Von der Hütte aus rechts bergan zum Erzhornsattel (gut bezeichneter Bergweg). Vom Erzhornsattel zuerst abschüssig und rutschig, dann auf zunehmend solidem Weg und via Schwellisee nach Innerarosa. Vor Innerarosa dem Wanderweg folgen, der parallel zur Hörnlibahn rechts zur Plessur hinunterführt. Vor dem Zeltplatz auf die andere Seite der Plessur wechseln, um entlang dem Bach zur Kläranlage zu gelangen.

Am Erzhornsattel äugt die Sonne durchs Wolkenloch.

Bergarven sind unsere Begleiter auf dem Weg hinein ins Welschtobel.

### Unterkunft/Verpflegung unterwegs
Ramozhütte (2293 m ü. M.)
Die Ramozhütte gehört der SAC-Sektion Arosa und ist eine Selbstversorgerhütte, 25 Schlafplätze. Reservation: Telefon +41 (0)81 356 55 02. Allgemeine Infos: www.spin.ch/homepages/sacarosa/sac-ramoz.
Zustieg und Charakterisierung: Siehe Haupttext und Wegbeschreibung.

### Karten
Landeskarte 1:25 000, 1196 Arosa, 1216 Filisur
Landeskarte 1:50 000, 258 Bergün, 248 Prättigau

Die Hütte ist nicht gross und auch nicht regelmässig bewartet. Aber dafür heimelig und einladend wie der Talabschluss des Welschtals. Ideal für ein Nachtlager, bevor der Weg weiter bergan führt, über zwei Geländestufen und gut 400 Höhenmeter hinauf zum Erzhornsattel. Der Name verrät zweierlei. Einerseits sind wir nun wieder auf Walsergebiet, andererseits rührt die dunkle Färbung des Gesteins von dessen grossem Eisengehalt her. Aber deswegen auf einen festen, kompakten Fels zu schliessen, wäre ein Irrtum. Im Gegenteil: Die ersten Meter des Abstiegs Richtung Arosa geraten, wenn die Verhältnisse nicht optimal sind, zu einer heiklen Rutschpartie. Gut beraten ist, wer mindestens einen, besser aber zwei Wanderstöcke dabei hat – das hilft, an dieser Schlüsselstelle das Gleichgewicht zu halten.

Mit jedem hinter uns gebrachten Höhenmeter entschärft sich die Situation, und schon bald befinden wir uns im Quellgebiet der Plessur. Noch einmal atmen wir die Ruhe ein, nehmen ein Aug voll von einem Talabschluss, der in seiner ursprünglichen Wildheit belassen worden ist, und treffen dann vorne beim Schwellisee auf Tageswanderer, die von Arosa herkommend hier rasten. Es sind keine Walser mehr, sondern Deutsche, Briten, Niederländer, die die vielen Sitzbänke gespendet haben, die mit ihren eingebrannten Namen den Weg säumen. Und die Hirten, die ihre Schafe nach Arosa hinuntertreiben, die Walser von heute, kommen aus Portugal, Serbien oder Rumänien. (DC)

Schattig und steil: der Abstieg vom Erzhornsattel nach Arosa.

### ■ Rund um den Piz Ela

# Echo vom Ela

Elapass. Gelb und flach leuchtet mir die Sonne ins Gesicht und hinter mir an die mächtige Felsenfluh des Corn da Tinizong. Auf der andern Seite, in den Schatten getaucht, der Piz Ela. Ein Riesenklotz, von Zyklopenhand hingepflanzt zwischen dem bündnerischen Albulatal und dem Surses. Und dazwischen: Stille, einfach nur Stille. Die Furgge ist in Ockergelb getaucht, und rot und schwarz und weiss leuchten einzelne Steine im grandiosen Spiel von Licht und Form.

Schon seit dem frühen Morgen habe ich den Ela für mich allein gehabt. Und nicht nur am Ela, auch im Hotel in Preda war ich der einzige Gast – und das mitten in der Ferienzeit. Um fünf Uhr bin ich im Schein der Stirnlampe von Naz losgezogen, hinein ins Val Mulix. Weich federten die Schritte auf dem Säumerweg, der sich gleichmässig hochzog, über die Baumgrenze, an der Alp Tschitta vorbei in eine Steilstufe hinein. Schon senkte sich der blauviolette Dämmerungsstreifen hinunter, schon blieb die Morgensonne an den ersten Bergspitzen hängen, als ich ein kleines Plateau erreichte und dort den Sonnenaufgang mit meiner Seele und der Kamera einfangen konnte.

Von nun an war ich dran am Berg, konnte ihn bestaunen, wie er mit jedem Meter, den ich vorwärtskam, sein Antlitz veränderte. Auf der Fuorcla da Tschitta habe ich Abschied genommen vom Piz Uertsch und vom Piz Kesch, dem andern Bündner Bergriesen, der sich vom Horizont abhob. Dann wand sich der Bergweg hinab zu den Laiets, den Seelein. Im Rücken die 800 Meter hohe Wucht der Ela-Südflanke, vor mir die beschauliche Karlandschaft. Dann eine kurze Gegensteigung, und ich war oben auf dem Pass. Eigentlich bin ich kein Kind des Sentimentalen. Aber hier höre ich mich plötzlich einen Naturjutz ausstossen.

Eng schlängeln sich die Viadukte der Rhätischen Bahn den Talflanken entlang.

Antiquiert, aber höchst informativ: die Schautafeln des Bahnlehrpfads zwischen Preda und Bergün.

### Gebiet
Mittelbünden

### Charakterisierung
Ohne Übernachtung in der Elahütte eine volle Tagestour, mit dem Eisenbahnlehrpfad sogar ein Rüttler. Aber dafür kaum zu übertreffen an landschaftlicher Schönheit und Abwechslungsreichtum.

### Schwierigkeit
T3. In der Regel gut bezeichnete Wege bzw. deutliche Wegspuren.

### Wanderzeit
Naz–Bergün: 8–9 Std.
Naz–Elahütte: 5 Std.
Elahütte–Bergün: 3–4 Std.

### Höhendifferenz
Rund 1400 m im Auf- und 1700 m im Abstieg (Naz–Bergün)

### Ausgangspunkt
Naz im Albulatal (1747 m ü. M.)
Übernachtungsmöglichkeit in Preda: Hotel Kulm, Telefon +41 (0)81 407 11 46.
Mit öffentlichem Verkehr: RhB von Chur über Thusis–Tiefencastel–Filisur nach Preda. Oder Postauto von Chur über die Lenzerheide.
Mit Pw: Nicht der kürzeste, aber der schnellere Weg führt von Chur über die San-Bernardino-Autobahn bis Thusis, dann über Tiefencastel nach Filisur und ins Albulatal.

### Wegbeschreibung
Von Naz ins Val Mulix. Vor der Alp Naz rechts hinauf ins Val Tschitta. Dem Bachlauf entlang bis unter die Tschimas da Tschitta. Links haltend bis in kleine Ebene unterhalb des Piz Val Lunga, dann scharf rechts auf die Ebene Cuetschens. Von dort nordöstlich zur Fuorcla da Tschitta (2831 m ü. M.). Abstieg westlich zu den Laiets (2594 m ü. M.), kurzer Gegenaufstieg nordwestlich zum Pass d'Ela (2724 m ü. M.). Abstieg in weitem Linksbogen zur Elahütte (Chamonas d'Ela). Gegenanstieg zur Ebene von Uglix und von dort hinunter nach Bergün.

Aufstieg im Herbstlicht von Bergün zur Ebene von Uglix.

Der Piz Ela verändert je nach Blickwinkel sein Gesicht.

**Unterkunft/Verpflegung unterwegs**
Elahütte SAC (2252 m ü. M.)
Schmucke, kleine Selbstversorgerhütte an der Westflanke des Piz Ela. 38 Plätze, teilweise bewartet von Juli bis Anfang Oktober. Reservation: Telefon +41 (0)81 404 14 03.

**Karten**
Landeskarte 1:25 000, 1237 Albulapass, 1236 Savognin
Landeskarte 1:50 000, 258 Bergün

**Variante**
Von Bergün zurück nach Preda auf dem historischen Eisenbahnlehrpfad: T2, 1¾ Std.

Von den Felsen des Corn da Tinizong und des Ela hallt es zurück. Nicht einmal, nicht zwei- und nicht fünfmal, nein, bis zu fünfzehnmal schlägt mir der Berg meine eigene Stimme um die Ohren. Ich rufe, und ein ganzer Chor antwortet. Dieselbe Beklemmung ergreift mich, wie sie Mani Matter gefühlt haben musste im Coiffeurstuhl mit den beiden Spiegeln vorne und hinten. So oft er seinen Kopf widerspiegelt sah, so oft erkenne ich meine Stimme wieder. Immer wieder johle ich, und ole ole ole le le eh eh wird der Ruf zwischen den Flanken hin und hergeworfen, bis er ermüdet und allmählich verstummt.

Nur schwer kann ich mich von diesem magischen Ort trennen. Einsam dann die weiten, oben steilen Kehren hinunter zur Elahütte, einsam auch die Hütte selbst. Sie schläft, wie der ganze Talkessel hier hinten im Val Spadlatscha, angelehnt an die zwei Kilometer lange Ostflanke des Ela. Es ist fast Mittag, als der erste Sonnenstrahl den Dachfirst streift, und ich steige über die Alp Uglix und durch lauschige Arvenwälder ab bis nach Bergün. Nun wird man in aller Regel den Bahnhof aufsuchen und sich nach Preda hinauffahren lassen. Ausser man hat noch überschüssige Energie, um auf dem Eisenbahnlehrpfad hinauf nach Naz zu erkennen, dass Strassen- und Eisenbahnbau auch Kunst sein können. (DC)

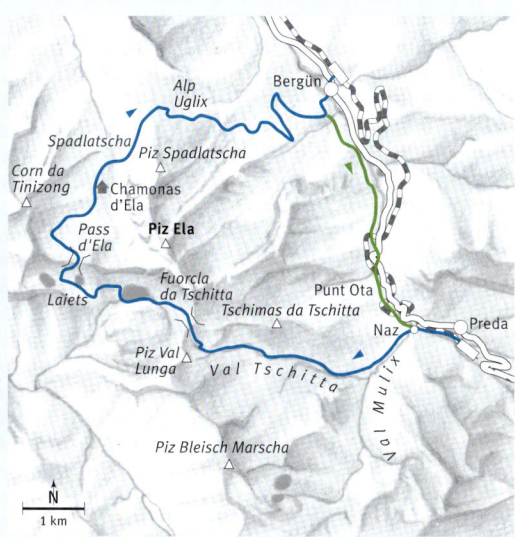

### Rund um das Monsteiner Chrachenhorn

# Fische am Berg

Schon 1942 hatten Soldaten bei der Stulseralp zwischen Bergün und Davos fossile Reste eines Sauriers gefunden. Aber erst 1989 begann ein Forscherteam, systematisch nach einer geeigneten Grabungsstelle zu suchen. Der grosse Coup gelang aber nicht den Wissenschaftlern der Universität, sondern dem Hobby-Paläontologen Christian Obrist. Er traf am Gletscher Ducan auf senkrecht stehende Bänke rund 230 Millionen Jahre alter Meeresablagerungen und entdeckte auf diesen viele kleine, schwarze Fischchen. Seither stehen jeden Sommer in der kurzen schneefreien Zeit Expeditionszelte mitten in der Mondlandschaft zwischen Ducanfurgga und Gletscher Ducan. Sie gehören den Forschern, die Steinplatte um Steinplatte abtragen, anschreiben und ins Labor transportieren lassen. Das Paradestück der Knochensammlung ist das Skelett eines ein Meter langen Raubfisches, in dessen Magen sogar Reste von Saurierknochen nachgewiesen werden konnten.

Unwahrscheinlich zwar, dass wir als Rundwanderer hierher kommen und am Wegrand ein versteinertes Sauriergebiss oder einen Fischschwanz entdecken. Aber wir treten ein in eine Welt, in der die Farben und Formen der Gesteine erahnen lassen, was es hiess, als Felspaket während der Alpenfaltung 3000 Meter in die Höhe gepresst und steil gestellt zu werden. Eine höllische Sache, die, hätte es uns betroffen, eines kühlen Kopfes bedurfte. Dafür sorgen wir am besten schon in Monstein, und zwar im Restaurant des Hotels Ducan mit einem der naturtrüben, untergärigen Monsteiner Biere. Ein Doping mit Kultur im

**Gebiet**
Landschaft Davos

**Charakterisierung**
Alpine Rundtour in geologisch aufschlussreichem Gelände.

**Schwierigkeit**
Meist T2, Stellen T3–T4. Teilweise weglos. Schlüsselstelle ist der Abstieg vom Chrummhüreli (Wegsuche).

**Wanderzeit**
Monstein–Fanezfurgga–Ducanfurgga–Sattel südwestlich Chrummhüreli–Steinenmeder–Inneralp–Monstein: 6 Std.

**Höhendifferenz**
Rund 1100 m

**Ausgangspunkt**
Davos Monstein (1626 m ü. M.)
Kleines, noch ursprüngliches Walserdorf über dem Landwassertal. Ein Hotel: Hotel Ducan, Telefon +41 (0)81 401 11 13. Weitere Übernachtungsmöglichkeiten in Davos Glaris. Infos: Davos Tourismus, Telefon +41 (0)81 415 21 21, www.davos.ch.
Mit öffentlichem Verkehr: RhB von Chur über Tiefencastel–Filisur oder von Landquart über Davos bis Davos Glaris, dann Bus nach Davos Monstein.
Mit Pw: Von Davos oder Tiefencastel (Julierroute) durch das Landwassertal bis 2 km südwestlich von Davos Glaris. Dort Abzweigung nach Monstein nicht verpassen (von Davos aus links). Auf guter Strasse nach Monstein.

**Wegbeschreibung**
Von Monstein über Oberalp und Fanezmeder zur Fanezfurgga (gut markiert). Dann entlang der Ostflanke des

Mehr als ein Wanderweg: Ein sorgfältig angelegter Säumerpfad führt hinauf zur Fanezfurgga.

Wie auf dem Mond: Steinlandschaft bei der Ducanfurgge.

Die Monsteiner haben mit ihrem Bier ein erfolgreiches Nischenprodukt auf den Markt gebracht.

Chrachenhorns zur Ducanfurgga. Von dort auf Wegspuren einige Schritte steil Richtung Chrachenhorn, dann links haltend am Chrummhüreli vorbei zu dessen Südwestsattel (P. 2583). Nun weglos absteigend auf kleine Terrasse. Von dieser auf steilem Schotter hochhaltend unter den Felsen des Chrummhüreli auf zunehmend deutlich werdenden Wegspuren gegen Norden absteigen. Auf der nachfolgenden Grashalde eher rechts haltend nach unten, bis auch da wieder ein Weg erkennbar wird, der zum Steinenmeder und von dort zur Inneralp führt. Von der Inneralp auf Fahrstrasse nach Monstein.

**Verpflegung unterwegs**
Keine.

**Karten**
Landeskarte 1:25 000, 1217 Scalettapass
Landeskarte 1:50 000, 258 Bergün

Fotoausstellung in der alten Kapelle von Monstein.

«last beerstop before heaven», sei es nun das leichte Huusbier oder der würzige Bierbrand. Erst seit 2001 ist die höchstgelegene Brauerei Europas gleich gegenüber dem Restaurant in Betrieb. Und schon hat das Monsteiner Bier Kultstatus erlangt in Kennerkreisen.

Das Bierseminar mit Brauerschmaus muss indes warten, denn der Weg über ein angenehm grosszügiges Bergtal hinauf zur Fanez – und dann hinüber zur Ducanfurgga braucht doch einiges an Stehvermögen. Aber es lohnt sich. Eine ganz eigene Stimmung geht von diesem Ort aus, der von manchen gar als magisch beschrieben wird. Vor allem dann, wenn Nebel aufziehen und die brüchigen Bergflanken in irisierendes Licht tauchen. Dann ist auch für den Weiterweg etwas Pfadfindergeist gefragt. Denn da wir ja wieder zurück nach Monstein und nicht das lange Stulsertal hinunter nach Stuls oder womöglich nach Bergün pilgern wollen, müssen wir gleich nach dem Chrummhüreli in die Einsattelung aufsteigen und dann zuerst sanft, danach ungemütlich steil wieder auf die Davoser Seite hinunterstechen. Die Faustregel dabei: Wenn du auf keiner Wegspur bist – dann suche sie. Meist ist sie höher oben, als du denkst. Und sobald du klettern musst, machst du etwas falsch ... Mit diesen Grundsätzen wird man den Abstieg als interessant und anregend empfinden. Und unten, beim Steinenmeder, wird man die Gesteine des Bachbetts mit andern Augen anschauen, vielleicht sogar einige Meter hinaufsteigen in die Geröllfelder, einige Steine umkehren und plötzlich vor einem Sauriergebiss stehen ... (DC)

### Rund um den Piz Murtelet bei Bergün

# Kesch und mehr

Einmal jährlich steht die Keschhütte im Zentrum des Medieninteresses. Dann nämlich, wenn beim Alpine Marathon die Post abgeht und es sich Hunderte von Läuferinnen und Läufern nicht nehmen lassen, von Davos über Filisur nach Bergün zu joggen, um sich nachher über das Val Tuors zur Keschhütte hinaufzumühen, das Val Funtauna zu durchqueren und zu guter Letzt über den Scalettapass und das nicht mehr enden wollende Dischmatal völlig entkräftet in Davos über die Ziellinie zu stolpern. Nur wenige haben diese Mammutstrecke wirklich im Griff und können dieses Rennen genussvoll bestehen. Für den grossen Rest ist es eine Plackerei mit dem einzigen Ziel, einigermassen heil wieder anzukommen. Eigentlich schade. Schade um die Gesundheit dieser Menschen, schade aber auch um die Landschaft, die sie keuchenderweise und mit zu Boden gerichtetem Blick hinter sich lassen. Denn diese ist bis Bergün schön, im Val Tuors wird sie sehr schön, und oben im Gebiet der Keschhütte ist sie wundervoll. Da dehnt sich eine Hochebene aus, wie es nicht viele gibt in den Schweizer Alpen und schon gar nicht so frei von Infrastrukturbauten, seien es nun Hochspannungsmasten oder Militärbaracken. Auch die Keschhütte selbst ist eine Reise wert. Dank eines sechsstelligen Legatbetrages konnte die Sektion Davos des SAC hier ein Hüttenprojekt realisieren, das in Bezug auf ökologische Bauweise keine Wünsche offen lässt.

Das grösste Geschenk hat hier aber die Natur gemacht, indem sie in dieses Gelände den Piz Kesch gestellt und sogar noch zwei Seen dazugelegt hat. Diese Seen sind das Ziel der hier vorgestellten Rundwanderung, die in Chants zuhinterst im Val Tuors beginnt. Dorthin bringt einen nicht nur das Privatauto, sondern auch ein Wanderbus – es sei denn, man lässt sich mit der Sesselbahn nach Darlux hinauftragen und nimmt dann den Höhenweg bis zur Alp digl Chants. Dann braucht man

**Gebiet**
Albula

**Charakterisierung**
Klassische alpine Rundwanderung, die aber noch wenig bekannt ist für das, was sie bietet.

**Schwierigkeit**
Keine speziellen Schwierigkeiten. Gut bezeichnete Wanderwege, T2.

**Wanderzeit**
Chants–Keschhütte–Lais da Ravais-ch–Chants: 5–6 Std.
Ab Darlux: 7 Std.

**Höhendifferenz**
Ab Chants: Rund 1000 m im Auf- und Abstieg
Ab Darlux: 900 m im Aufstieg, 1000 m im Abstieg

**Talort**
Bergün (1400 m ü. M.)
Schmucker Fremdenverkehrsort an der Albulastrecke. Diverse Hotels und Pensionen. Infos: www.berguen.ch.
Mit öffentlichem Verkehr: SBB bis Chur, dann RhB via Thusis–Tiefencastel–Filisur nach Bergün. Oder von Chur Postauto über die Lenzerheide.
Mit Pw: Von Chur San-Bernardino-Autobahn bis Thusis, dann über Tiefencastel und Filisur nach Bergün (Albulastrecke). Die Variante über die Lenzerheide ist zwar geografisch kürzer, dauert aber trotzdem länger.

**Ausgangspunkt**
Chants im Val Tuors (1822 m ü. M.)
Restaurant/Berghaus Piz Kesch, Tel. +41 (0)81 407 11 93. Erreichbar von Bergün aus mit Pw oder Wandertaxi, Telefon +41 (0)78 680 35 00 von Mitte Juli bis Mitte Oktober. Oder zu Fuss von der Bergstation Darlux ob Bergün (Sesselbahn) in 1½–2 Std. (T2, Panoramaroute).

**Wegbeschreibung**
Von Chants der Ava da Salect entlang zur Keschhütte. Weiter durchs Val dal Tschüvel und das Val Sartiv über die

Beim Weiler Chants ist Endstation für Auto und Bus.

Auf dem Weg zum Haareschneiden? Hochlandrind bei Chants.

Ökologisch auf dem neusten Stand: die Keschhütte.

Die Lais da Ravais-ch liegen versteckt in einer Geländemulde hinter dem Piz Murtelet.

Sella da Ravais-ch zu den Lais da Ravais-ch. Anschliessend durchs Val da Ravais-ch zurück nach Chants.

**Unterkunft/Verpflegung unterwegs**
Keschhütte (2632 m ü. M.): Ganzjährig bewartet, 92 Schlafplätze, Telefon +41 (0)81 407 11 34, www.sac-davos.ch.

**Karten**
Landeskarte 1:25 000, 1237 Albulapass, 1217 Scalettapass
Landeskarte 1:50 000, 258 Bergün

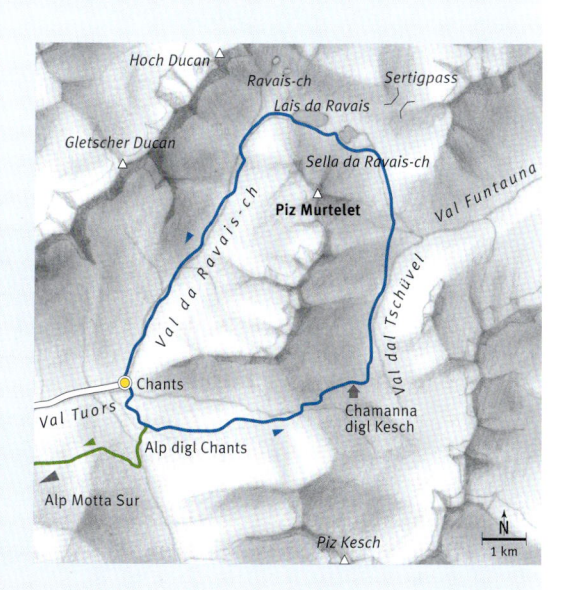

gar nicht erst nach Chants abzusteigen, sondern kann direkt hinüberwechseln zum Wanderweg, der zur Keschhütte hinaufführt. Nur wer in Eile ist, wird von dort direkt weitermarschieren. Lohnender ist es, zwei Tage einzuplanen, in der Keschhütte zu übernachten und am Vorabend noch einen Erkundungsgang in Richtung Piz Kesch zu machen. Für eine Besteigung reicht es wandernderweise nicht, da braucht es eine Hochgebirgsausrüstung und auch etwas Mut. Umso friedlicher zeigt sich der Weiterweg ins Val dal Tschüvel und dann links hoch ins Val Sartiv. Dort liegen sie, der Lai da Ravais-ch-Suot und der Lai da Ravais-ch-Sur. Beide sind rund 2500 Meter über Meer gelegen, was nicht ausschliesst, dass an warmen Sommertagen ein kühles Bad riskiert werden kann. Also Zehe reinhalten, den ersten Schritt tun, wieder aussteigen, Hose ausziehen, nochmals versuchen, vielleicht bis zu den Knien, wieder raus, etwas in der Sonne liegen und überlegen, dann resolut die Badehose auspacken und – hineinspringen. Der Kick ist gigantisch. Das hormonelle Hochgefühl entschädigt nicht nur für den Herzstillstand und die blauen Lippen, sondern macht einen zum Wiederholungstäter. Aber nicht mehr am selben Tag, denn immerhin gilt es noch, ohne weiche Knie das Val da Ravais-ch wieder hinunterzukommen bis nach Chants. (DC)

Die Alp Zeznina diente als Schauplatz des Heidifilms.

## ■ Rund um den Piz d'Arpiglias ob Zernez

# Auf zu den Seen von Macun

Es ist Herbst, die Lärchen im Engadin haben schon Feuer gefangen und lodern gelb von den steilen Hängen. Der frühe Septemberschnee hat sich noch einmal zurückgezogen von der Südflanke des Munt Baselgia, der hoch über Zernez wacht. Letzte Gelegenheit also für eine Rundwanderung, die ein klares Ziel kennt: die Macunseen oder, wie es auf der Landeskarte heisst, Lais da la Mezza Glüna. Sie liegen eingebettet in einer Karebene zwischen dem Piz Macun und dem Piz d'Arpiglias in kleinen oder kleinsten Mulden, die der Gletscher für sie ausgeschliffen hat. Und sie sind so idyllisch schön, dass sie im Nachhinein dem Schweizer Nationalpark zugeteilt wurden.

Ein Kleinod also, das man gesehen haben muss. Am besten dann, wenn man am Ende einer Saison so richtig fit und eingelaufen ist. Denn der Blick hinunter auf diese Seenlandschaft muss hart erarbeitet werden. In endlosen Kehren windet sich zuerst eine Forststrasse zwischen den immer lichter werdenden Lawinenschutzwäldern hinauf. Auf gut 2000 Metern erst, wenn der Wald seine natürliche Grenze erreicht hat, übernehmen Lawinenverbauungen die Schutzaufgabe, und die inzwischen zu einem Bergweg gewordene Strasse windet sich weiter zwischen diesen überdimensionierten Leitplanken nach oben. Satte 1200 Höhenmeter sind es allein bis zum Munt Baselgia, und es fehlen immer noch 300. Gut, dass die Sonne nicht mehr so erbarmungslos herniederbrennt wie im Hochsommer. Gut auch, dass das Herbstlicht das Engadin in den schönsten Farbtönen erscheinen lässt. Denn dieses liegt einem nun in seiner ganzen Länge zu Füssen, während sich gegen Osten hin der Blick bis zum Ofenpass weitet. Erst jetzt empfangen mich erste Schneeflecken, die sich bis zum Grat zu einer Schneedecke zusam-

**Gebiet**
Unterengadin

**Charakterisierung**
Rundwanderung mit Bergtourencharakter und einem klaren Ziel: die Macunseen.

**Schwierigkeit**
Diese liegt mehr in den Anforderungen an die Kondition denn in der Qualität der Wege. T3.

**Wanderzeit**
Zernez–Munt Baselgia–P. 2945–Macunseen–Val Zeznina–Lavin: 8–10 Std.

**Höhendifferenz**
Satte 1500 m im Auf- wie im Abstieg

**Talort/Ausgangspunkt**
Zernez (1473 m ü. M.)
Eingangspforte im Unterengadin zum Nationalpark und zum Val Müstair. Zahlreiche Übernachtungsmöglichkeiten (auch Camping) in Zernez und im Engadin. www.zernez.ch.
Mit öffentlichem Verkehr: RhB von Chur via Samedan (Albulalinie) oder von Landquart via Sagliains (Vereinalinie) nach Zernez.
Mit Pw: Von Tiefencastel über den Julierpass und via Samedan oder von Davos über den Flüelapass und via Susch nach Zernez. Oder Autoverlad in Klosters und durch den Vereinatunnel nach Sagliains, dann via Susch nach Zernez.

Endlich Ruhe: Mussestunde unter der Engadiner Sonne.

Blau auf weiss:
Die Macunseen sind zwar mit Eis überzogen, aber noch nicht schneebedeckt.

### Wegbeschreibung
Von Zernez auf Forststrasse über La Rosta bis zur deren Ende oberhalb der Waldgrenze. Dann auf Bergweg zwischen Lawinenverbauungen hindurch zum Munt Baselgia (2682 m ü. M., Aussicht!) und weiter zu P. 2945 auf dem Grat. Von dort nach rechts hinunter zur Fuorcletta da Barcli und weiter zu den Macunseen. Dem Wanderweg folgend ins Val Zeznina absteigen bis nach Lavin oder Susch. Mit der RhB zurück nach Zernez.

### Unterkunft/Verpflegung unterwegs
Leider keine. Die Tour muss also voll durchgezogen werden.

### Karten
Landeskarte 1:25 000, 1218 Zernez, 1198 Silvretta
Landeskarte 1:50 000, 259 Ofenpass, 249 Tarasp

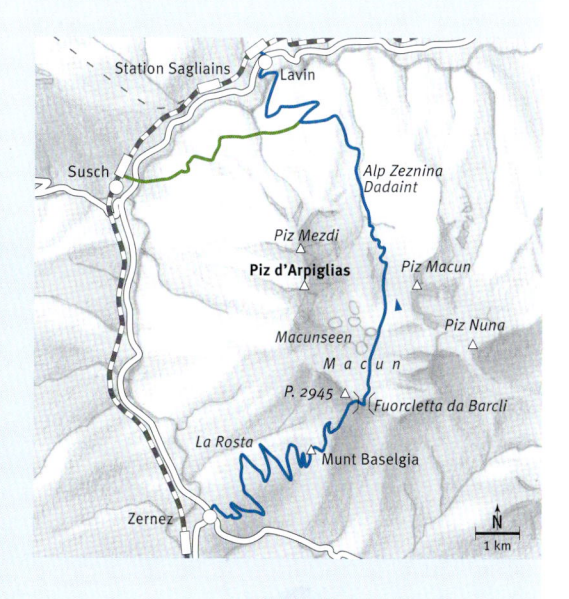

menschliessen. Nun ist es also weiss, und auf der andern Seite, gegen Norden, ist es sogar tief weiss. Und das sind sie, die Seen. Von weitem schimmern sie, Weiss auf Blau. Und was für ein Blau. Ein Mitternachtsblau ist es, das immer näher rückt, je weiter ich im hüfttiefen Schnee hinunterwate. Ein Blau, an dem man sich nicht sattsehen kann. Erst bei den Seen selber wird der Grund für diesen Farbkontrast ersichtlich: Sie sind mit einer feinen Eisglasur überzogen. Wunderbar.

Und doch muss ich weiter, das Schneestapfen ist anstrengend und der Tag fortgeschritten. Im Val Zeznina folge ich den Abstiegsspuren von Jägern, die erst vor kurzem eine frisch erlegte Gemse hinuntergeschleift haben müssen. Das Blut im Schnee ist zu Knollen verdickt. Im letzten Sonnenlicht erreiche ich die Alp Zeznina. Das kleine Schild an der Hüttenwand muss ich zweimal lesen. Das ist sie also, die berühmte Alpöhialp aus dem Heidifilm! Bilder kommen hoch, und mit ihnen die Gewissheit: Ja, genau da ist der Geissenpeter hinuntergesprungen, da haben sie Klara hinaufgestossen. Heimatgedanken begleiten mich auf dem Forstweg hinunter nach Lavin und vermischen sich mit der erlebten Naturschönheit zu Bildern einer Idylle, die noch lange nachwirken. (DC)

■ Rund um den Lüer Muntet

# Im Land der Elfen

Kennen Sie die Dialen? Die menschenfreundlichen, hilfreichen Elfen also, die vor nicht allzu ferner Zeit in tiefen Erdlöchern wohnten und jeweils an Sommerabenden zur Dämmerungszeit auftauchten? Wenn nicht, hat das seinen Grund. Denn sie sind ausgewandert, und das nur wegen eines in seiner Liebe enttäuschten Burschen. Genau genommen war es der Hirt einer Alp zwischen dem Ofenpass und Lü, der sich in eine der Elfen verliebte, von ihr aber abgewiesen wurde und in seiner Wut einen bissigen Kater in das Erdloch warf. Sie verschwanden also, und all ihren Reichtum nahmen sie mit. Das Einzige, was sie zurückliessen, ist die sagenhaft schöne Landschaft, in der sie ihr Wesen getrieben hatten. Vor allem im Herbst, wenn sich im Engadin die Lärchenwäler gelb verfärben, reichert sich das sonst schon malerische Landschaftsbild im Val Müstair mit gelben Farbtupfern an, die sich zum Beispiel von der Sonnenterrasse des Fleckens Lü hinaufziehen bis zur Alp Tabladatsch. Dann wird das Gelb abgelöst vom Braun der Weiden, die nun von allen Viechern und Geistern verlassen darauf warten, winterweiss zur Ruhe gebettet zu werden. Ein Weiss, das etwas weiter oben, beim Sassalbapass, schon Einzug gehalten hat und in einem intensiven Kontrast steht zum Seelein, das sich noch nicht hat eindecken lassen.

Statt nun auf der Nordseite mit oder ohne Schnee ins Val Costainas hinunterzustapfen, lohnt sich auf jeden Fall der Abstecher zum Muntet

**Gebiet**
Val Müstair

**Charakterisierung**
Eine Rundwanderung, wie man sie sich idealerweise vorstellt: Nicht zu kurz, nicht zu lang, nicht zu steil, nicht zu flach, und immer wunderschön abwechslungsreich.

**Schwierigkeit**
Bleibt man nach dem Sassalbapass auf dem Wanderweg, bieten sich keine besonderen Schwierigkeiten, T2. Vom Gipfel des Muntet auf dem Grat hinunter etwas steil und blockig, T3–T4.

**Wanderzeit**
Lü–Fuorcla Sassalba oder Muntet–Pass da Costainas–Alp Champatsch–Lü: 5–6 Std.

**Höhendifferenz**
Über den Sassalbapass: 700 m
Via Muntet: 850 m

**Ausgangspunkt**
Lü (1920 m ü. M.)
Kleines Bergdorf auf einer Sonnenterrasse hoch über dem Val Müstair. Hotel Hirschen, Telefon +41 (0)81 858 51 81.
Mit öffentlichem Verkehr: RhB bis Zernez, dann Postauto über den Ofenpass bis Fuldera und weiter nach Lü.
Mit Pw: Von Zürich kommend über Klosters (Autoverlad) und durch den Vereinatunnel nach Susch und Zernez, dann weiter über den Ofenpass (eine lange Strecke!) bis nach Fuldera. Abzweigung nach Lü unterhalb des Dorfes.

Erfrischend: Wilkommensgruss auf Alp Tabladatsch.

Termiten in den Schweizer Alpen? Gesehen im Abstieg zur Alp Serra.

Über und über verziert und bemalt: das Hotel Central Valchava.

In der Kirche des Klosters Müstair wähnt man sich tief ins Mittelalter zurückversetzt.

## Wegbeschreibung

Von Lü auf Forststrasse in weiten Kehren zur Alp Tabladatsch. Von dieser auf Wanderweg nördlich hinauf zum Sassalbapass. Entweder auf dem Wanderweg bleibend durch das Val Costainas und über den Pass da Costainas zur Alp Serra und dann auf steilem Schottersträsschen in engen Kehren hinunter zur Alp Champatsch. Oder dann hinauf zum Muntet (2763 m ü. M.) und auf dessen Nordgrat hinunter und dann schräg links haltend zum oberen Wanderweg, der am Ende eines Felsriegels hinunterführt zur Alp Serra. Von der Alp Champatsch auf gut ausgebauter Forststrasse zurück nach Lü.

## Verpflegung unterwegs

Im Sommer bietet der Älpler auf der Alp Tablatsch Milch und Käse an. Dann Alprestaurant auf der Alp Champatsch.

## Karten

Landeskarte 1:25 000, 1239 Sta Maria, 1219 S-Charl
Landeskarte 1:50 000, 259 Ofenpass

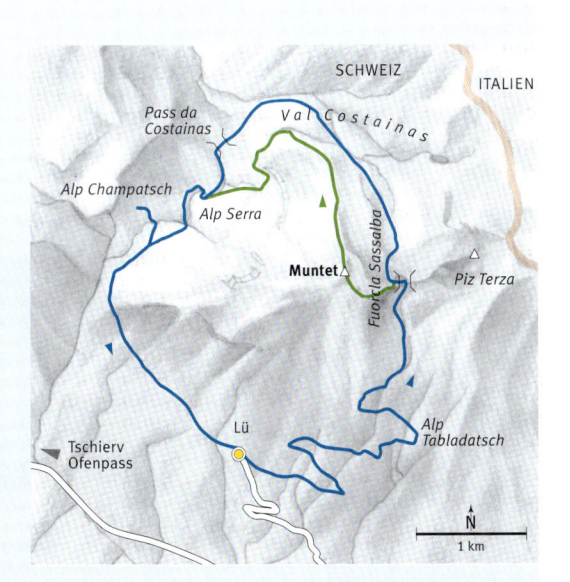

linker Hand des Passes. Wer das erste Mal im Val Müstair ist, lernt es jetzt kennen – von oben und mit der Landeskarte in der Hand. Von Santa Maria bis zum Ofenpass liegt das breite Tal zu Füssen, gegenüber warten Skitourenziele wie der Piz Daint, der Piz Dora und der Piz Turettas, und am südlichen Horizont lässt der wuchtige Ortler keinen Zweifel mehr an der Begrenztheit der Schweiz. Es ist sogar möglich, noch eine Weile diese Augenweide zu geniessen, wobei der Begriff «Weide» nicht wörtlich zu nehmen ist. Denn der Grat, der sich vom Muntet gegen Norden hinunterzieht, ist weglos und da und dort etwas ruppig, aber durchaus machbar. Und er lässt nicht nur den Blicken mehr Freiraum, sondern verkürzt auch den Weg zur Alp Champatsch. Ohne auf die Ebene des Pass da Costainas zu gelangen, folgt man dem oberen Alpweg, der in zwei, drei Kehren an einem wunderlichen Steinobelisken vorbei auf die Alpstrasse führt. Auf der Alp Champatsch, wo man in der Regel auch auf Mountainbiker und Spaziergänger trifft, darf in der Alpwirtschaft etwas gegessen und getrunken werden. Auf die Dialen aber, die auch hier zu Diensten waren, wartet man vergeblich. Besser, man pilgert noch bei Sonnenschein auf fester Strasse zwischen brennenden Lärchen hindurch wieder dem Dorf Lü zu. (DC)

■ Rund um den Piz Lagalb

# Im Herzen der Bernina

Im Juli ist die Zeit des Wollgrases. Es ist überall dort anzutreffen, wo auf einer gewissen Höhe kleine Seelein langsam verlanden und zu Hochmooren werden. Zum Beispiel im Val dal Bügliet oberhalb des Berninapasses. Besonders reizvoll ist es, auf den Boden zu knien und durch das Wollgras hindurch gegen Westen zu schauen. Dort spiegeln sich nämlich im Restwasser der zu Tümpeln eingedampften Seelein die Schnee- und Eisriesen des Gipfelkranzes rund um die Bernina weiss in weiss. Ein Bild für die Seele – nicht so sehr für den Fotoapparat. Für diesen ist es besser, eines der schimmernden Bällchen im extremen Gegenlicht ins Visier zu nehmen. Das ergibt ein klares, eindrückliches Motiv in einer Hochebene, die zum Fotografieren geradezu einlädt.

Trotzdem überrascht es, dass nicht nur diese Ebene, sondern die ganze Gegend rund um den Piz Lagalb viele Wanderer anzieht. Denn der Piz Lagalb ist nicht unbedingt ein Berg von einnehmender Grazie. Eher passend sind Begriffe wie «kommerziell genutzter Steinhaufen». Denn der Pistenbau hat Narben in den Berg gerissen, die auch im Sommer nicht verheilen, wenn die Bahn stillsteht und den Berg in eine Art Sommerschlaf versetzt hat. Und doch lohnt sich eine Umrundung. Und auch eine Besteigung. Denn wenn man die Sache klug angeht, bringt man es tatsächlich fertig, von dieser hässlichen Seite des Berges fast nichts mitzubekommen. Dann nämlich, wenn man auf dem Berninapass startet, um über die Wollgrasebene zu einem kleinen Pass zu gelangen. Noch vorher zweigt ein steiler Bergweg ab, um in engen Kehren zum Gipfel zu führen. Erst die letzten zweihundert Höhenmeter verlaufen in infrastrukturgeprägtem Gelände, dafür entschädigt der umfassende Rundblick, den man vom Gipfel geniesst. Wer diesen Abstecher nicht wagen mag, den nimmt derweil das Val Minor ein, das den Piz Lagalb

Am Piz Lagalb sind die Gemsen dem Menschen voraus.

**Gebiet**
Bernina

**Charakterisierung**
Einfache Wanderung in die Einsamkeit – und das nur wenige Meter von den Errungenschaften der Zivilisation entfernt.

**Schwierigkeit**
Keine. T1–T2.

**Wanderzeit**
Station Bernina Hospiz–Val dal Bügliet–Val Minor–Station Bernina Lagalb: 2½ Std.

**Höhendifferenz**
200 m im Aufstieg, 400 m im Abstieg

**Ausgangspunkt**
Bernina Hospiz (2307 m ü. M.)
Zwei Restaurants.
Mit öffentlichem Verkehr: RhB von Chur via Samedan–Pontresina bis Ospizio Bernina.
Mit Pw: Auf der Berninapassstrasse bis Bernina Hospiz. Es empfiehlt sich für diese Tour, das Auto bei Bernina Lagalb zu parkieren und mit der Bahn nach Bernina Hospiz zu fahren.

**Wegbeschreibung**
Von der Station Bernina Hospiz hinauf zur Passstrasse. Von dort führt ein Wanderweg direkt zum Val dal Bügliet und zum kleinen Pass Fuorcla Minor, von dem sich der Weg durch das Val Minor dann zwingend ergibt.

**Unterkunft/Verpflegung unterwegs**
Keine.

**Karten**
Landeskarte 1:25 000, 1278 La Rösa, 1258 La Stretta
Landeskarte 1:50 000, 269 Berninapass

**Variante**
Die Umrundung des Piz Lagalb kann auch mit einer durchaus lohnenden Gipfelbesteigung von Süden her kombiniert werden. Ein steiler Bergweg (T3) verläuft ab dem Val dal Bügliet in steilen Kehren bis auf eine Höhe von ca. 2700 m ü. M. Von dort verläuft der Weg entlang dem Pistentrassee zur Bergstation und von dort in wenigen Kehren zum Gipfel. Zeitbedarf für Auf- und Abstieg: 2½ Std.

Ein aussichtsreicher Steinhaufen: Blick vom Piz Lagalb zur Berninagruppe.

Eine Augenweide: Wollgras umgarnt einen Bergsee im Val dal Bügliet.

Hinter der Diavolezza taucht der Piz Palü auf.

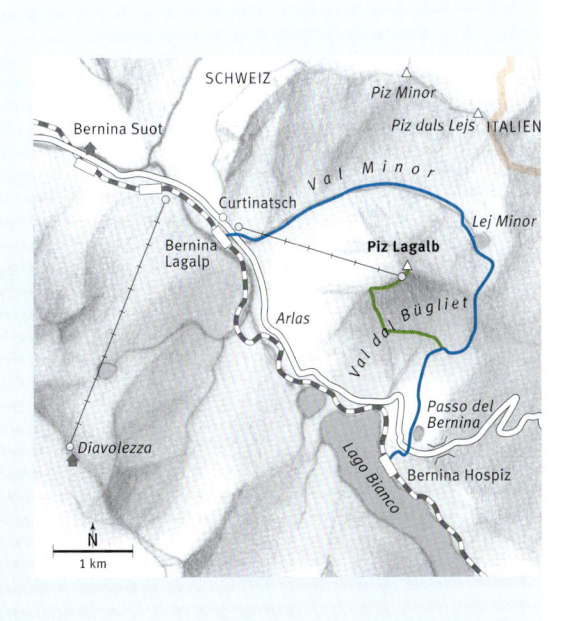

wie ein Halbmond umgürtet und sanft gegen Bernina Lagalb abfällt. Mittendrin blinkt das Kleinod des Lej Minor so anziehend, dass jemand sogar einen Steinkreis ans Ufer dieses Naturschatzes gelegt hat. Und weiter unten trifft der Autor bei der Begehung der Route auf einen Geografiestudenten, der die Flora des Gebietes kartiert. Auch die Murmeltiere zeigen sich stolz und unerschrocken. Aber am faszinierendsten ist wohl der Blick in die Ferne. Denn dort taucht als Erstes der berühmte Biancograt der Bernina auf – nur der Biancograt, sonst nichts. Erst im Weitergehen heben sich auch die Bernina, der Piz Morteratsch, der Fortezzagrat und schliesslich der dreigipflige Piz Palü von den vorgelagerten Felsbarrieren ab. Im Rücken hat man nicht nur die Sonne, sondern auch die unschöne Nordseite des Piz Lagalb. Diese nimmt man dadurch kaum mehr wahr, wohl aber den Wunsch, dieser Herrlichkeit in Eis und Schnee zwischen Palü und Bernina noch näher zu kommen. Ein Wunsch, der nicht unerfüllt bleiben muss. Denn warum nicht einen abwechslungsreichen Wandertag abschliessen mit der Luftseilbahnfahrt auf die Panoramaterrasse der Diavolezza? (DC)

## ■ Rundwanderung Lunghin–Septimer

# Scheidewege

Der Lunghinpass ob Maloja ist in Wanderkreisen nicht unbekannt. Zu Recht. Nicht nur ist der Zustieg angenehm und begleitet von einem Weitblick über das ganze Oberengadin. Auch der Lägh dal Lunghin, eingebettet in eine in allen Farben schimmernde Geländemulde unterhalb des Passes, hat seinen eigenen Reiz. Und der Piz Lunghin, dessen Besteigung jedoch mehr ist als ein kleiner Abstecher und der einige Trittsicherheit erfordert, eröffnet zusätzlich zum Engadin die freie Sicht ins Bergell und ins Juliergebiet. Was aber der Gipfel an Bergwelten verbindet, scheidet der Pass. Denn das Wasser, das vom Lunghinpass abfliesst, entschwindet in drei Regionen, die verschiedener nicht sein könnten: durch den Inn in die Donau und schliesslich ins Schwarze Meer, durch die Julia in den Rhein und in die Nordsee, und schliesslich hat die Maira dem Piz Lunghin ebenfalls ein Bächlein abgetrotzt, das der stolze Bergbach in den Po und ins Mittelmeer ableitet. Das war nicht immer so. Vielmehr deutet alles darauf hin, dass einst nicht nur die Bäche der Täler rund um den Piz Lunghin in den Inn flossen, sondern sogar die Albigna vier Kilometer bergellabwärts. So weit hat sich die Maira also gegen Osten hin vorgefressen!

Zurückgeblieben ist eine steile Rampe, die von Casaccia hinaufführt zum Val Maroz. Eingangs dieses urtümlichen Hochtals zweigt sodann ein weiteres Tälchen rechts ab, das nicht weniger steil hinaufführt

*Auf Römerwegen unterwegs: Im Aufstieg von Casaccia ins Val Maroz.*

*Auf den letzten Metern unter dem Gipfel des Piz Lunghin.*

**Gebiet**
Oberengadin

**Charakterisierung**
Konditionell recht fordernde Bergwanderung. Vor allem in Kombination mit der Besteigung des Piz Lunghin.

**Schwierigkeit**
Die Rundwanderung verläuft auf festen Wegen (T2). Einzig der freiwillige, aber lohnende Abstecher auf den Piz Lunghin erfordert Stehvermögen und Trittsicherheit (T3, eine Stelle T4).

**Wanderzeit**
Maloja–Pass Lunghin–Septimerpass–Casaccia: 6–7 Std.
Pass Lunghin–Piz Lunghin–Pass Lunghin: 1½ Std.

**Höhendifferenz**
Maloja–Pass Lunghin: 850 m Aufstieg
Pass Lunghin–Piz Lunghin: 150 m Auf- und Abstieg
Pass Lunghin–Septimerpass–Casaccia: 1200 m Abstieg

**Ausgangspunkt**
Maloja (1803 m ü. M.)
Fremdenverkehrsort am obersten Ende des Oberengadins. Diverse Hotels und Pensionen. www.maloja.ch.
Mit öffentlichem Verkehr: RhB bis St. Moritz, dann Postauto bis Maloja.
Mit Pw: Über den Julierpass nach Silvaplana, von dort vorbei am Silvaplaner- und Silsersee nach Maloja.

**Wegbeschreibung**
Von Maloja (500 m nach dem Silsersee) zweigt der Wanderweg ab und führt über Cadlägh entlang dem jungen Inn zum Lägh dal Lunghin. Von dort kann, wer will, bereits direkt links in Richtung Piz Lunghin (2780 m ü. M.) abzweigen oder dann in zwanzig Minuten zum Pass gelangen. Nach dem Studium der Hinweistafeln zur Wasserscheide gehts in moderatem Gefälle in rund dreiviertel Stunden hinunter zum Septimerpass (Pass da Sett), wo wiederum das Studium der entsprechenden

*Auf dem Gipfel des Piz Lunghin gehören Hunde an die Leine. Im Hintergrund die Bergeller Granitspitzen.*

Hinweistafeln ansteht. Der Abstieg ins Val Maroz ist zuerst freundlich, am Schluss aber steil. Auch vom Val Maroz nach Casaccia gehts zur Sache, Wanderstöcke zur Entlastung der Knie sind kein Luxus.

### Unterkunft/Verpflegung unterwegs
Keine.

### Karten
Landeskarte 1:25 000, 1276 Val Bregaglia, 1256 Bivio (Variante)
Landeskarte 1:50 000, 268 Julierpass

### Variante
Vom Septimerpass ist auch der Abstieg nach Bivio möglich. Dieser ist weniger steil und kürzer (600 m, 2 Std.). Dann mit dem Postauto über den Julierpass zurück zum Ausgangspunkt.

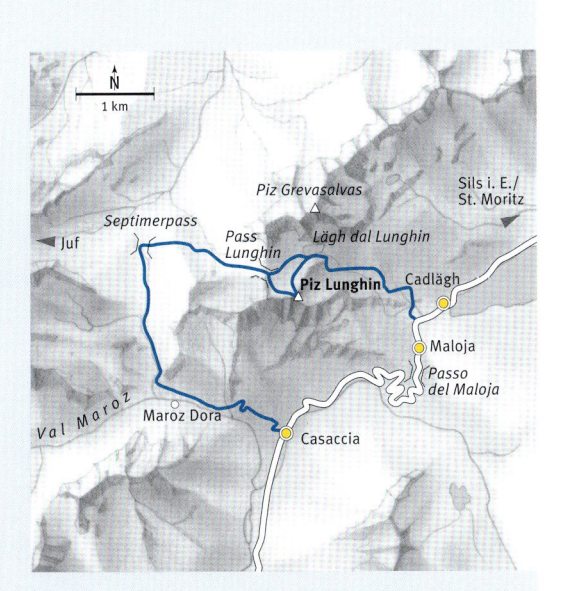

zu einem weiteren Pass, der Geschichte geschrieben hat: dem Septimer. Schon das frühe Christentum breitete sich über den Septimerpass nach Norden aus, dann kamen die Ostgoten, die Karolinger, die deutsch-römischen Kaiser, und sogar eine mit Wagen durchgehend befahrbare Alpenstrasse soll sich von Casaccia die 850 Höhenmeter auf den «Sett» hinaufgeschraubt haben. Mit den Kreuzzügen und Pilgerfahrten wuchs die Bedeutung des Septimers noch einmal, bis die ersten Kunststrassen über den Splügen- und den Julierpass gebaut wurden. Da wurde es schlagartig still um den Septimer, und heute erinnern nur noch vereinzelte Saumwegpartien und zwei Informationstafeln an die grosse Vergangenheit des kleinen Passes. Grund genug, nach dem Lunghinpass hinunterzusteuern zum Septimerpass, sich dort in Gedanken fünfhundert oder tausend Jahre zurückzuversetzen und sich beim Abstieg nach Casaccia zwischen schnaubenden Maultieren, ausgezehrten Pilgern, heimkehrenden Söldnern und reichen Kaufleuten hoch zu Ross auf engem Pfad hinunterzudrängen. Wie sich die Zeiten geändert haben! Jetzt schnurrt nur die nahe Hochspannungsleitung, und ab und zu holpert ein leidener Biker an den leicht bepackten Wandersleuten vorbei. Von Casaccia zurück nach Maloja lässt man sich am besten mit dem Postauto hinaufchauffieren – nur zu Trainingszwecken lohnt es sich, die Rundwanderung zu Fuss abzuschliessen. Denn die Attraktion des Weges, eine steil aufgerichtete Steinplatte aus römischer Zeit mit klar erkennbaren Wagenrinnen, lässt sich bequem von Maloja her erreichen und besichtigen – wie auch die gut erhaltenen Gletschermühlen und die Burgruine, die neben einer lohnenden Aussichtsplattform in ihrem Innern interessante Ausstellungen beherbergt. (DC)

In einer Reihe aufgestellt: die Churfirsten.

Nordostschweiz, Glarus

### Rund um die Marwees

# Wie Fliegen, nur schöner

Es gibt sie schon – die Momente, wo man als Wanderer wehmütig hinaufschaut, wie die Gleitschirme am Himmel kreisen, sich hinaufschrauben bis an die Wolkenbasis, dann in der Ferne entschwinden oder im Sturzflug wieder herniederkommen, um wiederum von unsichtbaren Kräften getragen dem Talgrund zuzuschweben. Dann drückt die Last des Rucksacks doppelt schwer, und die Kniegelenke senden im ruppigen Abstieg eine klare Botschaft ans Kleinhirn: Bitte das nächste Mal fliegen! Auch im Alpstein ist das nicht anders: Während die Matratzen in anmutigem Farbenspiel von der Ebenalp wie ein Schwarm zu bunt geratener Vögel am berühmten Wildkirchli vorbeifliegen auf der Suche nach dem nächsten «Schlauch» von warmer Aufwindluft, mühen sich die Wanderer zu Hunderten von Wasserauen die steile Betonpiste hinauf zum Seealpsee und von dort weiter zur Meglisalp, wo sich die meisten ermattet zu einem Bier hinsetzen, um aussichtslos und ohne den engen Talkessel zu verlassen, denselben Weg wieder abzusteigen.

Das muss nicht sein. Denn andererseits – und das hat sich doch schon herumgesprochen – gibt es beim Rückweg von der Meglisalp her die Möglichkeit, auf dem Schrennenweg hoch über dem Seealpsee ein wenig von dem Gefühl von Freiheit und schwereloser Distanz zu erhaschen, das die Gleitschirmpiloten dazu bewegt, ihre Freizeit in den Lüften zu verbringen. Das ergibt schon mal eine schöne Rundwanderung, die an gewissen Stellen trotz guten Wegen doch eine gewisse Schwindelfreiheit und vor allem von den Kindern ein wenig Disziplin verlangt. Andererseits offerieren hier die Natur und mutige Wegebauer eine Rundwanderung, die Tiefblicke aus der Vogelperspektive kombiniert mit allem, was das Wandern an Ganzheitlichkeit zu bieten hat: Den Puls in den Adern spüren im steilen Aufstieg. Das Gehen in meditativem

Blick vom Bogartensattel hinunter nach Wasserauen.

**Gebiet**
Östlicher Alpstein

**Charakterisierung**
Eine Rundwanderung mit alpinem Charakter und viel, viel Aussicht.

**Schwierigkeit**
Meist T2. Zwischen Bogartenlücke und Marwees eine längere Passage T3–T4. Die Wege sind gut markiert. Bei nassem Wetter oder im Frühling, wenn noch Schnee liegt, ist die Gratpassage nicht zu empfehlen.

**Wanderzeit**
Wasserauen–Marwees–Meglisalp: 5 Std.
Meglisalp–Wasserauen: 1 Std. 40 Min.

**Höhendifferenz**
Wasserauen–Marwees: 1190 m Aufstieg
Marwees–Meglisalp: 540 m Abstieg
Meglisalp–Wasserauen: 650 m Abstieg

**Ausgangspunkt**
Wasserauen (868 m ü. M.)
Endstation der Appenzeller Bahnen im Herzen des Alpsteins. Unterkunft: Restaurant Alpenrose, Telefon +41 (0)71 799 11 33, info@alpenrose-ai.ch, www.alpenrose-ai.ch. Weitere Übernachtungsmöglichkeiten: www.appenzell.ch, Appenzellerland Tourismus AI, 9050 Appenzell, Telefon +41 (0)71 788 96 41.
Mit öffentlichem Verkehr: SBB bis Gossau oder St. Gallen, Appenzeller Bahnen (AB) von Gossau oder St. Gallen via Herisau oder von St. Gallen via Gais nach Appenzell und weiter nach Wasserauen. Oder Voralpen-Express von Rapperswil via Wattwil nach Herisau.
Mit Pw: Von St. Gallen über Teufen und Gais nach Appenzell. Von dort über Weissbad nach Wasserauen. Grosser Parkplatz beim Bahnhof.

**Wegbeschreibung**
Von Wasserauen durchs Hüttentobel steil hinauf via Chli Hütten (1200 m ü. M.) und Mar (1433 m ü. M.) zur Bogartenlücke (1730 m ü. M.). Auf schmalem, weiss-blau-weiss markiertem Zickzackweg zunächst steil aufs östliche Ende des Grates, dann grasbewachsener, exponierter Grat, ansteigend zum Gipfel der Marwees (2056 m ü. M.). Kreuz bei P. 1191. Höchste Erhebung (2056 m ü. M.) ohne Wegspur über Alpweide erreichbar. Abstieg zum Widderalpsattel über Alpwiese und auf Bergweg. Zwei verschiedene Wege für den Abstieg zur Meglisalp: den Talkessel ausmessend über Bötzelsattel und Spitzigstein oder direkt über Bötzel und Trüest durch Felsbänder hinunter. Von Meglisalp via Seealpsee (auf Strässchen via Chobel oder Wanderweg via Hüttentobel) nach Wasserauen oder dann via Schrennenweg hoch über dem Seealpsee nach Wasserauen.

**Unterkunft/Verpflegung unterwegs**
Meglisalp: Berggasthaus Meglisalp (1527 m ü. M.), Zimmer und Matratzenlager, Telefon +41 (0)71 799 11 28.

Auf Messers Schneide dem Säntis entgegen: auf der Marwees.

Seealpsee (1150 m ü. M.): Berggasthäuser Forelle, Telefon +41 (0)71 799 11 88, und Seealpsee, Telefon +41 (0)71 799 11 40 (Betten und Matratzenlager).

**Karten**
Landeskarte 1:25 000, 1115 Säntis
Landeskarte 1:50 000, 227 Appenzell

**Varianten**
– «Light»: Von Wasserauen auf steilem Strässchen via Chobel oder auf Wanderweg via Hüttentobel zum Seealpsee und von dort zur Meglisalp. Zurück über den Schrennenweg nach Chli Hütten und weiter nach Wasserauen. 4 Stunden, T2. Der Schrennenweg ist gut ausgebaut, aber trotzdem recht exponiert.
– Die Marwees kann von der Bogartenlücke absteigend weiter unten über die Widderalp umgangen werden (Abzweigung auf ca. 1580 m ü. M. nach rechts nicht verpassen!). T2–T3, rund derselbe Zeitbedarf wie Gratweg.

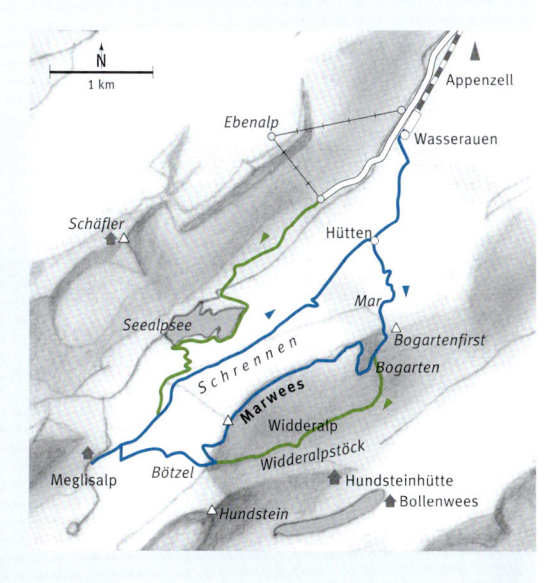

Rhythmus wie ein wandelndes Mantra. Das Einatmen der Alpendüfte und Wahrnehmen, wie sich diese je nach Höhenlage und Tageszeit verändern. Das Horchen nach dem Zittern der Gräser am Wegrand. Das intensive Erleben mit allen Fasern des Seins.

Diese Rundwanderung führt uns vom Startpunkt Wasserauen auf gut markiertem Weg an der Alp Chli Hütten und der Mar vorbei zur Bogartenlücke. Hier steht seit Jahrtausenden der mächtige Felsblock des Bogartenmannli wie ein Wächter des nicht mehr vorhandenen Baumgartens (appenzellisch «Bogarten»). Und schon glaubt man beim Zurückschauen, direkt über Wasserauen zu schweben. Dann windet sich der Weg kurz nach der Lücke rechts in steilem Zickzack die südliche Flanke der Marwees hinauf. Eine Tafel warnt hier vor den Gefahren dieses Wegstücks. Sicher, die Kehren sind stotzig, und die Querung hinaus zu einer Wiesenterrasse kann vor allem bei Nässe und Schnee heikel bis unpassierbar sein. Aber bei guten Verhältnissen, mit guter Ausrüstung und ohne spezielle Schwindelanfälligkeit sollte dem folgenden Gratvergnügen über die Marwees nichts im Wege stehen. Und so viel Zeit, wie es uns die Tafel weismachen will, braucht diese Panoramastrecke nicht. Anderthalb Stunden sind es vielleicht, schwerelos zwischen Himmel und Erde. Wie fliegen. Nur schöner. Die Aussicht reicht vom Hohen Kasten über Stauberen zu den imposanten Kreuzbergen sowie auf die in der Ferne liegenden Ketten des Rhätikons und des Vorarlbergs. Im Norden blinkt in der Ferne der Bodensee, davor breitet sich das Alpenvorland mit zahlreichen Molassehügeln des Appenzellerlandes und des Thurgaus aus. Im Westen dominiert der höchste Berg des Alpsteinmassivs, der 2502 Meter hohe Säntis, mit dem markanten Sendeturm.

Der Abstieg führt über Schafweiden zum Widderalpsattel und von dort zur Meglisalp, wo man sich inmitten des übrigen Wandervolkes erfüllt und zufrieden niederlässt zu einem kühlen Bier. (DC)

Rast im Alpstein: beim Bötzelsattel.

### Rund um den Toggenburger Neuenalpspitz

# Zwischen Säntis und Churfirsten

Das Toggenburg ist ein weiter Begriff. Es beginnt genau genommen schon in Wil und zieht sich dann über Bütschwil und Wattwil bis nach Krümmenschwil. Dann ist Schluss mit den «Wilen» und damit auch mehr oder weniger mit dem Untertoggenburg, und es folgt, am Fusse der Churfirsten, das Obertoggenburg mit nun bekannteren Namen wie Alt St. Johann, Unterwasser und Wildhaus. Zwischen den beiden Talschaften zwängt sich die Strasse in einem engen Tobel am Ausläufer des Neuenalpspitzes vorbei, dem vordersten Gipfel einer Gratkette, die letzlich dorthin führt, wo die Ostschweiz ihren Fernsehempfang her hat – auf den Säntis.

Ausgangspunkt unserer Tour ist Stein SG, ein unauffälliges Strassendorf vor diesem Engpass mit gutem Postautoanschluss. Und – was für uns besonders interessant ist – viel Schatten am Morgen. Ideal für einen kühlen Anstieg hinauf zum Risipass, vorbei an Bauern, die von Hand das Heu mit der Gabel durch die Luft wirbeln, vorbei an Alpställen, vor denen die Käsekessi wie in alten Zeiten zum Trocknen aufgehängt sind, und vorbei an kerbelumwachsenen Brunnen mit Wasser aus rostigen Röhren, die wie beschwörte Schlangen in die Höhe ragen. Auf dem Risipass der erste Blick hinüber zur Schwägalp und dem Säntis, dem Wahrzeichen des Alpsteins, der genau genommen ein riesiger Alpkalkstein ist. Ein guter Teil der zu bewältigenden Höhenmeter liegt nun schon hinter uns, die Sonne darf also kommen und uns zum nächsten Übergang begleiten – dem Windenpass. Bis dorthin ist's nur ein Katzensprung, und schon liegen die Churfirsten vor uns. Sieben liegende Haifischzähne, aufgestellt aus weiten Wassern während des letzten Aufbäumens der Urkräfte der Alpenfaltung, gegen Süden steil abfallend zum Walensee. Man begreift, warum der «Säntisgruess» hier eines der meistgesungenen Jodellieder ist: «Zwüsched Säntis, Schafberg und Churfirschte / vom Selun bis zur Turwies / wo mer z'Alp sind und deheime buured / isch es da wie im ne Paradies ...»

---

**Gebiet**
Toggenburg

**Charakterisierung**
Ein Tag Arbeit, gewiss. Doch was für eine Ausbeute an Aus-, Weit- und Tiefblicken! Aber auch der Blick in die Nähe (Flora) lohnt sich.

**Schwierigkeit**
T2, Stellen T3. Diese befinden sich zwischen Alpli und Gmeinenwies und auf dem Grat von Gmeinenwies zum Neuenalpspitz.

**Wanderzeit**
6½–7 Std. Es lohnt sich, um im morgendlichen Schatten zu wandern, beizeiten aufzubrechen.

**Höhendifferenz**
Rund 1100 m im Auf- und Abstieg

**Ausgangspunkt**
Stein SG (838 m ü. M.)
Unscheinbares Strassendorf zwischen Ebnat-Kappel und Alt St. Johann. Hotel in Nesslau: Hotel Sternen, Telefon +41 (0)71 994 19 13, www.sternen-nesslau.ch.
Mit öffentlichem Verkehr: SBB von Rapperswil oder Wil nach Wattwil und weiter nach Nesslau-Neu St. Johann. Von dort Postauto nach Stein SG.
Mit Pw: Autobahn Zürich–St. Gallen bis Wil, dann Kantonsstrasse nach Wattwil (oder von Uznach über den Ricken). Von Wattwil weiter nach Stein SG. Möglichkeit, bis Nesselfeld zu fahren: Gebühr Fr. 10.– (bei Bauernhof unterwegs zu bezahlen).

**Wegbeschreibung**
Von Stein über Nesselfeld und Ahorn zum Risipass (1459 m ü. M.). Von dort schräg rechts zum Windenpass oder direkt zum Alpli. Vom Alpli auf gut bezeichneter Wegspur (T3) über Schrofen zur Gmeinenwies (1728 m ü. M.). Dann über Gratkrete (Stellen T3) zum Neuenalpspitz (1816 m ü. M.). Von dort zuerst nahe der Krete bis P. 1516, dann in der Nordflanke absteigend zum Nesselfeld (Wanderwegsignalistion «Stein» beachten).

Nach alter Väter Sitte wird das Heu mit dem Dreizack durch die Luft gewirbelt.

Romantik pur am Gräppelensee.

Im Angesicht der Churfirsten führt der Weg am Alpli vorbei (links) über die Gmeinenwies bis auf den Gipfel des Neuenalpspitz.

**Unterkunft/Verpflegung unterwegs**
Keine.

**Karten**
Landeskarte 1:25 000, 1134 Walensee, 1114 Nesslau
Landeskarte 1:50 000, 227 Appenzell, 237 Walenstadt.

**Varianten**
– Vom Windenpass zum Gräppelensee (Bräteln, Baden …). 45 Min., T2. Dann in gut einer Stunde nach Unterwasser.
– Sehenswert, 10 Minuten von Unterwasser entfernt: die Thurwasserfälle (Signalisation im Dorf).

Nun wenden wir uns nach rechts und setzen an zu einer Gratwanderung, die das bietet, wofür wir gekommen sind: einen Überblick über das ganze Toggenburg. Der erste Fixpunkt ist die Gmeinenwies. Der Weg bis dorthin ist gut und neu gemacht, ein Geheimtipp, der noch nicht in allen Karten eingezeichnet ist. Mit einer «Wies» hat der Gipfel indes wenig zu tun, vielmehr ist es ein Adlerhorst, von dem aus man beide Teile des Toggenburgs gleichermassen ins Auge fassen kann: das hügelige Untertoggenburg zu unserer Rechten (gleich gegenüber der Stockberg, eines der beliebtesten Skitourenziele der Region), das gebirgige Obertoggenburg zur Linken. Dazwischen, etwa auf gleicher Höhe, der Neuenalpspitz und dazwischen eine Krete, die das Herz höher schlagen lässt. Da müssen wir hin, da wollen wir hin. Und siehe: Der Weg ist gut, wenn auch nicht neu gemacht. Und wo es nötig ist, ist für Sicherung gesorgt. Vom Neuenalpspitz aus dann noch der Blick Richtung Westen, hinüber zum Gulmen (auch das ein Wintertipp, der sich längst herumgesprochen hat) und zum Goggeien, der an sich eine Bergwanderung wert ist. Von jetzt an geht's nur noch abwärts. Feuerlilien stehen nun am Wegrand, wenn man früh genug im Jahr unterwegs ist, dann folgen niedliche Trockenmauern, und am Schluss – kurz bevor der Weg bei Punkt 1516 unterhalb von Schlofstein nach rechts abdreht und ob Stein in die Aufstiegsroute mündet – wartet ein letzter Aussichtspunkt mit einem riesigen Kreuz in Weiss. Noch ein letzter Blick in die Tiefe, und aus dem weiten Begriff des Toggenburgs ist definitiv ein konkreter und fassbarer geworden. (DC)

## ■ Rundwanderung am Fusse des Speer

# Die Tanzbödeler

Viele Wege führen zum Tanzboden. Strategisch ideal liegt er leicht erhöht zwischen dem Toggenburg und der Linthebene, gut erreichbar gleichermassen von Zürich wie von St. Gallen her. Entsprechend belebt ist die Sonnenterrasse des kleinen Gasthauses. Wanderer und Biker sind aufgestiegen von Rieden, vom Hohwaldtal oder – auf der Toggenburger Seite – vom Steintal oberhalb Ebnat-Kappel. Unter ihnen sind viele Tagesausflügler, die hier nur vorbeikommen. Dann gibt es aber auch eine nicht geringe Zahl von notorischen Wiederholungstätern, die mit grosser Regelmässigkeit den Weg hier hinauf finden. Sie gehören zur Gemeinde der «Tanzbödeler». Sie starten dann, wenn andere zur Kirche gehen, und finden sich schon bald in einer Voralpenlandschaft voller Anmut und Pracht. Sie saugen die Düfte der Kuhweiden ein, horchen den Glockentönen, schauen an einer zapfenbehangenen Rottanne hoch und denken vielleicht an den Spruch, mit dem auch die Jäger ihre Absenz vom Kirchgang entschuldigen: «Ihr denkt, ein Wanderer sei ein Sünder, weil er nie zur Kirche geht – im grünen Wald ein Blick zum Himmel, ist gleich viel wert wie ein Gebet.» In der Tat können solche Landschaften religiöse Gefühle wecken – eine spirituelle Ausstrahlung haben sie ganz sicher.

Viele Tanzbödeler steigen von Ebnat-Kappel über das Steintal auf, andere kommen vom Ricken her, und wieder andere wissen nicht mehr, woher sie kommen. Denn im Nebel verirrt man sich in diesem Gelände leicht. Für unsere Rundwanderung halten wir uns indes an den Startpunkt Rieden. Denn dort beginnt ein Gratrücken, der sich vom Chirnenberg über die Alp Wielesch (erstes Bergbeizli am Wegrand) bis zur Alp Oberbächen (zweites Bergbeizli en route) hinzieht. Wir blicken

*Der Steinenbach lohnt ein kurzes Verweilen.*

## Gebiet
Toggenburger Alpen

## Charakterisierung
Abwechslungsreiche Wanderung auf Rücken und Graten. Man lernt das Mittelland von hier aus anderer Perspektive kennen.

## Schwierigkeit
Tour ohne Speer: T1–T2. Gute Wege, gut bezeichnet. Leichter Rucksack genügt (Beizlidichte!).
Speermürli–Speer: T5. Klettersteigähnliche Passagen. Schwindelfreiheit und gutes Schuhwerk unerlässlich. Bei Nässe und Schnee nicht zu empfehlen.

## Wanderzeiten
Rieden–Tanzboden über Chirnenberg–Wielesch–Oberbächen–Stotzweid–Gubelspitz: 3 Std.
Tanzboden–Rieden: Je nach Variante 2–4 Std.
Tanzboden–Rieden via Speermürli–Speer: 5 Std.

## Höhendifferenz
Ohne Speer: Rund 800 m
Mit Speer: Rund 1200 m

## Ausgangspunkte
Rieden (717 m ü. M.)
Kleines Dorf mit grosser Aussicht auf den Zürichsee.
Mit öffentlichem Verkehr: SBB von Rapperswil, Wattwil oder Ziegelbrücke bis Uznach, von dort Postauto nach Rieden.
Mit Pw: Von Uznach, Ricken oder Kaltbrunn nach Gommiswald und weiter nach Rieden. Von dort evtl. weiter auf Feldstrasse in Richtung Bachmannsberg–Unter Howald.

Ebnat-Kappel (630 m ü. M.)
Doppeldorf am Eingang zum Toggenburg. Infos: www.ebnatkappel.ch oder Verkehrsverein, Telefon +41 (0)71 993 29 11.
Mit öffentlichem Verkehr: SBB von Rapperswil oder Wil nach Wattwil und weiter nach Ebnat-Kappel.
Mit Pw: Von Wattwil oder Buchs SG nach Ebnat-Kappel.

## Wegbeschreibung
Von Mülibächli ob Rieden links auf den Gratrücken. Auf diesem über Wielesch und Oberbächen zum Tanzboden (1443 m ü. M.). Weiter südwärts, wahlweise bis Ober Howald, Rotenberg oder Rossalp. Abstieg westlich bis zur Asphaltstrasse auf der rechten Talseite des Steinenbach- und Wengitals, die zurückführt nach Rieden (Autostopp).

## Unterkunft/Verpflegung unterwegs
Tanzboden (1443 m ü. M.)
Heimeliges Bergbeizli, Massenlager mit 18 Schlafplätzen. Ganzjährig geöffnet. Telefon +41 (0)55 283 12 18, www.tanzbodenalp.ch.
Zwischen Rieden und Tanzboden: Bergrestaurants bei Alp Wielesch und Alp Oberbächen.

Zwischen Tanzboden und Speer: Bergrestaurant Rossalp und Hinter Wengi.

### Karten
Landeskarte 1:25 000, 1113 Ricken, 1114 Nesslau, 1134 Walensee
Landeskarte 1:50 000, 237T Walenstadt, 227T Appenzell

### Führer
Toggenburger Höhenweg, Faltblatt des Tourismusverbandes St. Gallerland. Zu beziehen unter Telefon +41 (0)71 913 70 00.
Erlebniskarte Ebnat-Kappel. Herunterzuladen unter www.ebnatkappel.ch/angebote.

### Variante
Aufstieg von der Rossalp über das Speermürli auf den Speer (1950 m ü. M.), zuerst auf Gratweg, dann über die Nordwestflanke des Speer bis P. 1813 und auf Wanderweg hinunter nach Wengi. Achtung: Speermürli ist ein Klettersteig (T4–T5). Nur bei sicheren Verhältnissen. Siehe Buch «Die schönsten Gratwanderungen der Schweiz», AT Verlag, Baden 2005.

Kühe weisen den Weg zum Tanzboden.

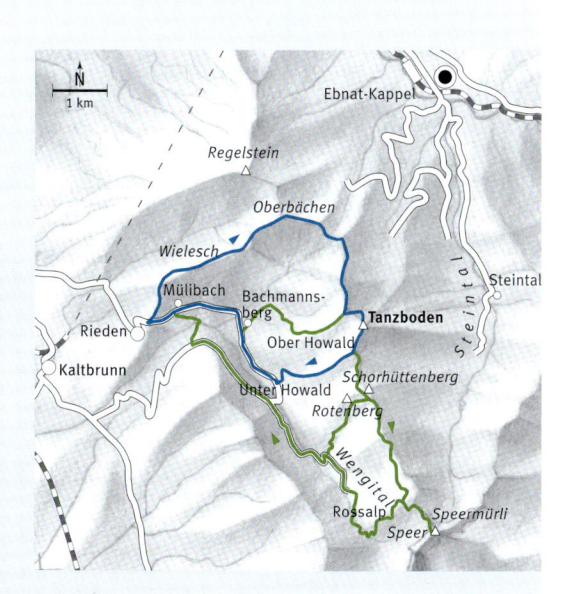

Auf dem Tanzboden ist man nie allein.

dabei geradewegs hinunter zum Zürichsee, der sich in seiner ganzen Länge präsentiert. So gelangt man zur Stotzweid (Naturfreundehaus am Wegrand), wo man sich mit den von Ebnat-Kappel kommenden Tanzbödelern trifft und gemeinsam dem «Kafi spezial» auf dem Tanzboden zustrebt. Je nachdem, wie lange man dort hängen bleibt, kann man nun die Runde zügiger oder grosszügiger abschliessen. Am schnellsten geht es, wenn man zur Chüebodenegg zurückgeht und dann über Stock und Müselen auf die Zubringerstrasse trifft, die in einer halben Stunde (mit Autostopp ist es entsprechend weniger) nach Rieden zurückführt. Etwas ausgedehnter ist sodann die Runde über Ober und Unter Howald wenig südlich des Tanzbodens. Nun sind es auf der Strasse dreiviertel Stunden. Die Kenner gehen jedoch einige Schritte dieser Strasse nach ins Tal hinein, bis zum Parkplatz, von dem auch die Strasse über Altwis nach Kaltbrunn führt. Dann lässt man sich per Anhalter bis zum Bärgarten bringen und nimmt dort einen abenteuerlichen Wanderweg hinunter in die Cholschlagen und gelangt so nach Rieden. Weitere Abstiegsvarianten finden sich noch weiter südlich des Tanzbodens, vom Rotenberg oder von der Rosshütte, wobei man natürlich auch das Auto beim Bachmannsberg stehen lassen kann. Oder man nimmt von der Rossalp den markierten und mit Stahlseilen und Leitern ausgerüsteten Alpinweg über den Felsaufschwung des Speermürli zum Speer, steigt weiter auf dem Grat in südwestlicher Richtung bis zum Punkt 1813 und gelangt von dort in steilen Kehren hinunter via Hinter Wengi ins Tal. Oder … (DC)

## Rund um die Wageten ob Niederurnen

# Im Kalkzapfenland

Der Kalk ist ständiger Begleiter auf Wanderungen in den nördlichen Voralpen. Er ärgert die Wanderer, weil die Kalkwege oft glitschig und die Kalkkiesel rutschig sind. Und er freut die Kletterer, weil das Wasser scharfkantige Runsen und Löcher in den Fels frisst, an denen die Kletterfinken und die Finger Halt finden. Wenn die Kalkflühe dann noch von der Alpenfaltung steil gestellt sind wie zwischen dem Glarnerland und dem Wägital und wie der Brüggler mit dem Auto gut erreichbar, dann durchziehen Dutzende von Kletterrouten aller Schwierigkeitsgrade die steilen, zerfurchten, mit Haken und Ösen durchsetzten Wände, und es vergeht kein schöner Tag, ohne dass es dort klimpert und raschelt und tönt im Stile von: «Ha Schtand!», «Zieh!» oder «Chasch choo!»

Dabei kann man doch die Aussicht hier einiges billiger haben als mit solch stundenlangen Gymnastikübungen … Am besten, man steigt in Niederurnen ins Morgenbergbähnli und lässt sich ins Niederurnertal hinaufhieven. Nun ist man schon auf einer brauchbaren Sockelhöhe von gut 1000 Metern über Meer und braucht, ob man nun links oder rechts auf die Kalkgräte aufsteigen will, nicht mehr als 700 Meter zu überwinden – wobei der Begriff «überwinden» wörtlich zu nehmen ist, geht es doch steil bergan. Wenn man die Variante «rechts» wählt, wird man am Ferienheim Morgeholz vorbei in steilen Kehren zum Schwinfärch hinaufstreben und dann nach einer erholsamen Schrägpassage den Gipfelsturm zum Hirzli in Angriff nehmen. Eine lohnende Sache vor allem für jene, die einmal die ganze Linthebene aus der Vogelperspektive betrachten wollen. Und sogar eine Rundwanderung lässt sich

**Gebiet**
Glarner Unterland

**Charakterisierung**
Eine alpine Rundwanderung in einem Gebirgszug, der zu Unrecht oft links liegen gelassen wird.

**Schwierigkeit**
Sie liegt in der Steilheit der Wege und im kalkigen Untergrund. T3. Der Abstecher zur Wageten ist im Schlussaufstieg mit T5 zu bewerten. Dort sind für Kinder und unsichere Personen ein kurzes Seil und ein Sitzgurt zu empfehlen.

**Wanderzeit**
Morgenholz (Bergstation Luftseilbahn)–Mettmen–Wänipass–Wageten–Lochegg–Niederurnen: 6–7 Std.

**Höhendifferenz**
Morgenholz–Wageten: 750 m
Wageten–Niederurnen: 1300 m

**Talort**
Niederurnen (435 m ü. M.)
Strassendorf am Eingang zum Glarnerland.
Übernachtungsmöglichkeiten: Glarnerland Tourismus, Telefon +41 (0)55 640 68 78.
Mit öffentlichem Verkehr: SBB nach Ziegelbrücke, von dort Bus nach Niederurnen.
Mit Pw: Autobahn Zürich–Sargans bis Ausfahrt Niederurnen. Parkplatz bei der Luftseilbahn.

Wie Adlerhorste erheben sich die Kalkzapfen der Wageten über dem Walensee. Im Hintergrund die Churfirsten.

## Ausgangspunkt
Morgenholz (1000 m ü. M.)
Ab Niederurnen Ochsenplatz zu Fuss am Gemeindehaus vorbei zur Luftseilbahn Niederurnen–Morgenholz (Talstation, Telefon +41 [0]55 610 10 83).
Mit Pw direkt zur Talstation.
Übernachtungsmöglichkeit im Bergrestaurant Hirzli, Massenlager, 28 Betten in zwei Räumen, Telefon +41 (0)55 610 27 91, www.niederurnertaeli.ch.

## Wegbeschreibung
Vom Morgenholz über Bodenberg nach Mettmen, dann links auf Wanderweg in diversen Kehren zum Wänipass (1610 m ü. M.). Vom Pass links auf dem Grat ansteigend und dann unter der Wageten hindurch (am Boden markiert, Besteigungsmöglichkeit Wageten, 1707 m ü. M.) zur Lochegg. Von der Lochegg ein kurzes Stück weglos und unmarkiert, dann aber wieder auf bezeichneten Wegen das Oberurner-Tal hinunter. Bei Bränden besteht die Möglichkeit, weglos unmittelbar über dem Felsriegel entlang der Rodungsgrenze abzusteigen und dann in den Weg des Vitaparcours einzumünden, der im Raum Gärbi angelegt ist. Von dort oder vom Talgrund in Oberurnen zurück nach Niederurnen.

## Verpflegung unterwegs
Keine.

## Karten
Landeskarte 1:25 000, 1133 Linthebene
Landeskarte 1:50 000, 236 Lachen

## Varianten
– Vom Morgenholz auf das Hirzli (1640 m ü. M.) und über Planggböden zurück: 3 Std., T2.
– Vom Hirzli auf dem Grat weiter zum Planggenstock (1675 m ü. M.) und dann über die Muesalp zurück: 4½ Std., T3.
– Skulpturenweg im Niederurnertal: 1½ Std., T1.

Für den Gipfel der Wageten kommt man mit leichter Kletterei aus – beim Brüggler im Hintergrund ist das nicht mehr der Fall.

daraus machen. Dann nämlich, wenn man über Ober Planggen und Planggböden ins Niederurnertal zurücksteigt.

Man kommt dann exakt beim Brücklein in den Talgrund, wo der Aufstieg zur zweiten, sagen wir «linken» Rundwanderung beginnt. Diese ist länger, aber auch abwechslungsreicher. Und zunächst heisst es auch hier, den Geländegang einzulegen, am besten mit wanderstockunterstütztem Vierfussantrieb, um auf dem Kalkkugellager, das den Weg zuweilen bedeckt, nicht auszurutschen. Doch allzu lange dauert das nicht, eine Stunde vielleicht, die man am besten in der Zeit der Morgenfrische plant. So empfängt einen oben auf dem Wänipass nicht nur die Sonne, sondern auch schon der Blick ins Schwändital und an den Rautispitz. Den Brüggler im Westen lassen wir jedoch rechts liegen und wenden uns gegen Osten dem letzten Ausläufer des Brügglergrats zu – der Wageten. Mutig schwingt sich der Wanderweg zum Grat auf, um schwindelnde Tiefblicke freizugeben und alsbald am Fuss der Südflanke der Wageten gegen Osten zu queren. Dies braucht etwas Trittsicherheit, ist aber keine Hexerei. Abenteuerlicher wird es hingegen, wenn man als Abstecher den Gipfel der Wageten erklimmen will. Zuerst gilt es, eine kurze, steile Grasrunse hochzusteigen, um sich einige luftige Meter weit bis zum Gipfel als Grat-Berggänger zu versuchen.

Es empfiehlt sich dabei, Kinder und unsichere Personen ans Seil zu nehmen und ihnen so ein angstfreies und deshalb genussvolles Abenteuer zu ermöglichen. Der Fels ist aber auch hier von guter Qualität und hält, was er verspricht. Auch die Aussicht von der Wageten hinunter zum Walensee und tief hinein in die Glarner Alpen steht derjenigen der Nachbargipfel in nichts nach. Zu lange wird man hier aber nicht verweilen, denn der Abstieg über die Lochegg ins Oberurnertal zieht sich ein bisschen in die Länge. Und doch kommt man sich vor wie bei einem Landeanflug auf den Walensee – oder aufs Nebelmeer. (DC)

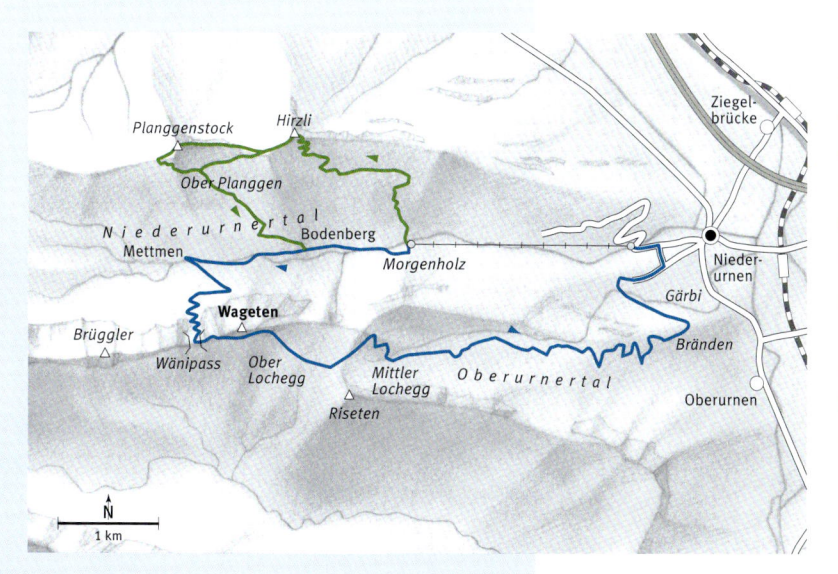

■ **Rundwanderung im Bann des Mürtschenstocks**

# Der Geologie auf der Spur

Man könnte sagen, dass es in Mode gekommen ist, jedes einigermassen unverschont gebliebene Fleckchen Natur wenigstens zu einem Biosphärenreservat oder gar zu einem Weltnaturerbe zu küren. Denn es winkt Publicity, die sich in den meist strukturschwachen Randregionen in barer Münze auszahlen soll. So könnte man auch das Ansinnen der Glarner und Bündner Oberländer, das Gebiet zwischen dem Mürtschenmassiv und dem Piz Sardona zum Weltnaturerbe zu machen, als Werbegag abtun. Damit täte man ihnen und der Natur aber unrecht. Denn was sich geologisch zuträgt in dieser Gegend, ist grossartig und mit der menschlichen Vernunft kaum nachvollziehbar.

Bevor man aber in dieses Gebiet eindringt, gilt es vom Parkplatz Merlen im Murgtal her kommend eine Steilstufe zu überwinden. Dann folgt man dem Gsponbach hinein ins Mürtschental, nicht ahnend, dass zwischen dem Hochmättli und der Mürtschenalp zwischen 1855 und 1861 arme Knechte und Knappen unter schwierigsten Bedingungen Kupfer- und Silbererze abbauten. Aus 900 Tonnen Roherz liessen sich jedoch nur gerade vier Tonnen Kupfer und achteinhalb Kilogramm Silber gewinnen – zu wenig für einen rentablen Betrieb. Nur noch einige Überreste von Gebäuden und Schlackenhaufen erinnern an diese Episode; der Zugang zu den Minen ist den Vorbeigehenden verwehrt. Nicht aber der Blick zum Mürtschenmassiv. Steil ragt es rechter Hand in die Höhe, und der Kennerblick entdeckt sofort, dass hier verschiedene geologische Decken aufeinandergeschichtet sind. Tatsächlich: Je weiter man gegen Süden dem Mürtschenmassiv folgt, desto ältere Schichten tauchen aus dem Untergrund auf. Während unten beim Talsee ob Filzbach noch Quintnerkalke lagern (ca. 150 Millionen Jahre alt), sind es im Mürtschenmassiv bis zu 100 Millionen Jahre ältere

**Gebiet**
Glarner Voralpen

**Charakterisierung**
Leichte Bergwanderung von Tal zu Tal mit vielen offensichtlichen, aber auch versteckten Schönheiten.

**Schwierigkeit**
Gut bezeichnete Wanderwege ohne besondere Schwierigkeiten. T2.

**Wanderzeit**
Merlen–Gspon–Ober Mürtschen–Murgseefurggel–Murgseen–Mornen–Merlen: 5–6 Std.

**Höhendifferenz**
900 m im Auf- und Abstieg

**Ausgangspunkt**
Murg (450 m ü. M.)
Deltadorf am Walensee. Hotel Buchen, Telefon +41 (0)81 738 23 70; Hotel Rössli, Telefon +41 (0)81 738 23 70. Verkehrsverein: Telefon +41 (0)81 710 32 54.
Mit öffentlichem Verkehr: SBB von Ziegelbrücke oder Sargans nach Murg. Mit dem Bergtaxidienst «Murgtalbus» nach Merlen: Luzius Walser Kleinbusse, Telefon +41 (0)81 738 14 41 oder +41 (0)79 406 34 22.
Mit Pw: Autobahn Zürich–Sargans bis Ausfahrt Murg. Von dort auf Bergstrasse steil bergan bis zum Parkplatz Merlen.

**Wegbeschreibung**
Von Merlen steil durch Wald und dann über eine Felsstufe zum Mürtschen-Hochtal. Entlang diesem westwärts bis zur Alp Ober Mürtschen. Dann entweder Abstecher zur Mürtschenfurggel oder direkt südlich über die Murgseefurggel zu den Murgseen. Abstieg durch das Murgtal über Guflen–Mornen nach Merlen.

Köstlich, gesund und gut konservierbar: Heidelbeeren.

Blick von der Murgseefurggel
zum Ober Murgsee. Im
Hintergrund der Gufelstock.

Kunstwerk der Natur: Steinskulptur in der Nähe von Rotärd.

### Unterkunft/Verpflegung unterwegs
Das Berggasthaus Murgsee («Fischerhütte») ist von Pfingsten bis Ende Oktober geöffnet und bietet 60 Schlafplätze an, www.murgsee.ch oder Telefon +41 (0)79 341 66 50 (während der Saison auch SAT.Telefon +41 [0]0871 762 826 352).

### Karten
Landeskarte 1:25 000, 1154 Spitzmeilen, 1134 Walensee (Variante)
Landeskarte 1:50 000, 237T Walenstadt
Besonders geeignet ist die Wanderkarte 1:25 000 «Kerenzerberg/Mollis». Sie ist im Buchhandel oder in den Glarner Verkehrsbüros erhältlich.

### Literatur
Die Broschüre über den Geo-Park-Höhenweg kann von der Website www.geopark.ch heruntergeladen oder bei Kaspar Marti, 8765 Engi, bestellt werden, Telefon +41 (0)55 642 12 65.

### Variante
Von Filzbach-Habergschwänd (Bergstation Sesselbahn) auf Geo-Höhenweg via Talsee–Spaneggsee zur Mürtschenfurggel. Entweder direkt oder über die Murgseefurggel ins Murgtal (Bergtaxi): 6–8 Std., T3.

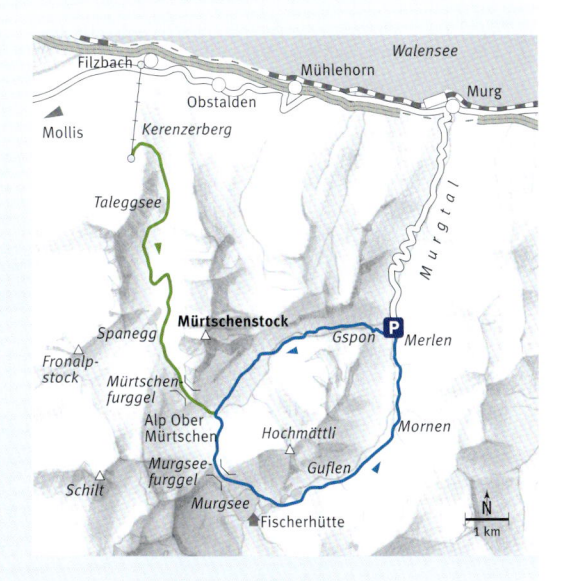

Perspektivenwechsel: Der Murgsee, vom Schwarzstöckli beim Gufelstock aus gesehen.

Schichten aus der Trias- und Jurazeit! Doch damit nicht genug: Neben der grossen Mürtschenfalte, die das Gestein fast senkrecht gegen den Himmel streben lässt, erkennt man bei der Mürtschenfurggel einen mächtigen, vertikalen Bruch. Gigantische Scherkräfte haben dabei die Seite mit dem Mürtschenstock gegenüber der Seite mit dem Schwarzstöckli bis zu einem Kilometer nach Norden verschoben und um rund 500 Meter abgesenkt.

Interessant also, bei Ober Mürtschen den Abstecher zur Mürtschenfurggel zu machen, um das geologische Staunen zu lernen. Die Rundwanderung jedoch führt danach über die Murgseefurggel gleich gegenüber hinunter zu den Murgseen. Sie sind eingefasst in eine «durch die Gletscher geprägte Kartreppenlandschaft», wie die Broschüre des Geo-Park-Höhenweges, auf dem man sich nun befindet, weiss. Anderthalb Millionen Jahre liegt der Beginn der Eiszeiten zurück – mehrmals hobelten und schliffen seither Gletscher an den rotvioletten Verrucano-Rundhöckern, so dass die Menschen nur noch mit einem kleinen Damm nachhelfen mussten, um den Murgsee für die Fischerei nutzen zu können. Die «Fischerhütte» jedoch, beliebtes Berggasthaus mit garantiert frischen Fischen (ein Tag Fischen für 40 Franken, Angelruten können gemietet werden), war nicht immer eine Fischerhütte. Das Berggasthaus Murgsee steht auf dem Fundament eines Knappenhauses für den Erzabbau, bevor Fischer und Jäger und schliesslich Gäste jeder Couleur hier Einzug hielten. Der Weg von der «Fischerhütte» durchs Murgtal zurück bis zum Parkplatz bietet gerade Zeit genug, um zu verdauen – die Forelle und die Unglaublichkeiten der Natur, deren Zeuge man geworden ist. (DC)

### Rundwanderung in den Glarner Freibergen

# Im ältesten Wildschutzgebiet Europas

Eng ziehen sich die Glarner Täler der Sernft und der Linth gegen Süden, tief haben sich die beiden Flüsse im Laufe der Jahrtausende in den Flysch eingegraben. Denn der Flysch ist ein junges, wenig festes Kalkgestein, das der Urkraft des Wassers nur wenig entgegenzusetzen hat. Zwischen diesen beiden Tälern aber, die dem Glarnerland den Übernamen «Zigerschlitz» eingebracht haben, erhebt sich eine wohltuend weite und in seiner sanften Gestuftheit beinahe liebliche Bergwelt. Hoch genug, um stets dem Nebel zu trotzen, tief genug, um Alpenluft mit Blütenduft zu verbinden. Es sind die Freiberge oder Fryberge, das älteste Wildschutzreservat Europas. Schon 1548 musste der Glarner Landammann Joachim Bäldi dem übermässigen Jagdtrieb seiner Landsgenossen in den Freibergen Einhalt gebieten. Ziel der wackeren Schützen waren vor allem die Gemsen, denn auf zwei solcher Tiere hatte in Glarus Anrecht, wer zwischen dem 25. Juli und dem 11. November heiratete. Dies beeilte sich einzuhalten, wer etwas auf sich hielt – und am hochzeitlichen Gemspfefferschmaus liess man gerne auch teilhaben, wer im Dorf oder im Kanton etwas zu sagen hatte und damit dem jungen Hochzeitspaar von Nutzen sein konnte.

Skulpturen erinnern am Wegrand an die Geschichte von den Heiratsgemsen. Im Hintergrund der Mettmensee.

**Gebiet**
Glarner Alpen

**Charakterisierung**
Mit Übernachtung in der Leglerhütte aussichtsreiche Rundwanderung für die ganze Familie im Herzen des Glarnerlandes.

**Schwierigkeit**
T2, Stellen T3. Teilweise etwas undeutliche Bezeichnung, einzelne steile und rutschige Passagen.

**Wanderzeit**
Mettmenalp (Bergstation Luftseilbahn)–Leglerhütte: 2 Std.
Leglerhütte–Steinstossfurggeli–Schönau–Aueren–Kies (Talstation Luftseilbahn): 3½ Std.

**Höhendifferenz**
Rund 750 m im Aufstieg und 1300 m im Abstieg

**Talort**
Schwanden (527 m ü. M.)
Dorf mit Industrie und Hotels im Glarner Hinterland an der Abzweigung zum Sernftal. Mehrere Hotels. Glarnerland Tourismus: Telefon +41 (0)55 610 21 25.
Mit öffentlichem Verkehr: SBB bis Ziegelbrücke und weiter nach Schwanden.
Mit Pw: Autobahn Zürich–Sargans bis Ausfahrt Niederurnen, dann Kantonsstrasse bis Schwanden.

**Ausgangspunkt**
Mettmenalp/Garichti (1610 m ü. M.)
Startpunkt für die Tour am Rande eines kleinen Stausees. Berggasthaus Mettmenalp, Telefon +41 (0)55 644 14 15, www.mettmen-alp.ch.
Mit öffentlichem Verkehr: Von Schwanden Bus nach Kies, dann Luftseilbahn hinauf nach Mettmenalp/Garichti.
Mit Pw: Auf Bergstrasse von Schwanden nach Kies. Dann Luftseilbahn.

**Wegbeschreibung**
Von der Mettmenalp (Bergstation Luftseilbahn) in südlicher Richtung taleinwärts über Nider und Ober Stafel zum Hübschboden. Von dort steiler an der Westflanke des Sunnenbergs und des Under Chärpf zur Leglerhütte. Südlich der Leglerhütte steil absteigend und um die Fluh, auf der die Hütte steht, herum über die Bergseen von Ober Ängi (laden im Sommer zum Bade!) zur Alp Ängi und dann rechts haltend waagrecht hinüber zum Steinstossfurggeli. Von dort in derselben Richtung weiter über das Franzenhorn (einige Steinblöcke im Weg) auf die offene Weide der Schönau. Diese durchschreitend zum Schönaufurggeli, dann rechts absteigend zur Alp Aueren und zur Forststrasse, die hinunterführt ins Niderental. Bei P. 1154 Abzweigung nicht verpassen zum Verbindungsweg nach Kies (Talstation Luftseilbahn).

Unten neu, oben alt – verkehrte geologische Welt beim Kärpfbrüggli.

**Unterkunft/Verpflegung unterwegs**
Leglerhütte SAC (2273 m ü. M.)
Vollkommen neues, geräumiges Berghaus. Bewartet von
Juni bis Oktober, Telefon +41 (0)55 640 81 77,
www.sac-toedi.ch.

**Karten**
Landeskarte 1:25 000, 1174 Elm, 1173 Linthal
Skitourenkarte 1:50 000, 246 Klausenpass, 247 Sardona

**Varianten**
Varianten bieten sich in diesem Gebiet zahlreiche an.
Insbesondere lässt sich die Rundwanderung ab
dem Steinstossfurggeli durch einen direkten Weg zur
Mettmenalp um rund eine Stunden verkürzen.

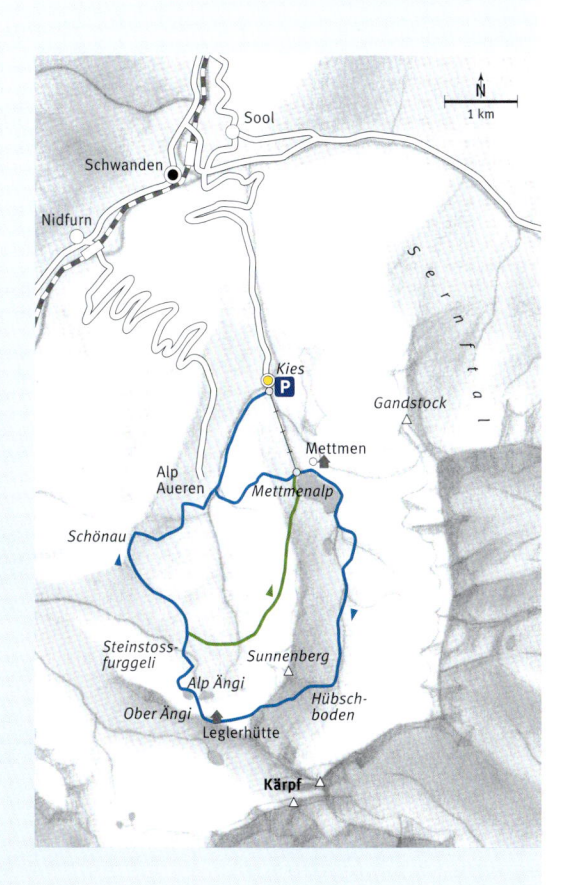

Bei der (alten) Leglerhütte: Wasserlösen mit Blick auf die Glärnischkette.

Der Gemsen sind bis heute nicht sehr viele geblieben. Dafür hat ein anderes, zweibeiniges Wesen überhand genommen, das sich ohne natürliche Feinde meist kolonnenartig auf festgetretenen Pfaden bewegt, von der Luftseilbahn-Bergstation Mettmenalp dem Garichti-Stausee entlang, am Nider und Ober Stafel vorbei zum Hübschboden und sodann in der Westflanke des Sunnenbergs ansteigend auf ein weiteres, ausgesetztes Hochplateau, auf dem sich ein neues, geräumiges Berghaus befindet, an dessen Sonnseite diese Wesen sodann einzeln oder in Gruppen lagern und aus grossen Säcken umständlich allerhand Essens- und Trinkenswertes hervorkramen oder sich ebensolches aus dem Innern der Hütte heraustragen lassen. Dies ist vor allem an schönen Wochenenden im Sommer und Winter der Fall. Unter der Woche verkehren hier eher die etwas älteren Exemplare dieser bunt gefärbten Wesen, die noch ein drittes oder viertes Bein zu Hilfe nehmen, um vorwärts zu kommen. Und sie erzählen sich von alten Zeiten, als an der Stelle des Berghauses eine kleine Hütte stand, mit knarrenden Holzböden und einer langen Bank an einer Wand aus schwarz gegerbtem Holz.

Meist sind sie es, die das Gebiet besser kennen als die Wochenendzweibeiner und deshalb nicht auf demselben Weg zurückstreben, sondern weiter wandern, vorbei an den Seelein von Ober Ängi zum Steinstossfurggeli und dann entlang liebevoll aufgeschichteter Trockenmäuerchen zur Schönau. Diese verdient ihren Namen fürwahr: Eine Wiese zum Verweilen, zum Einsaugen der Glarner Bergwelt vom Vrenelisgärtli über den Tödi bis zum Schilt und dem Fronalpstock, zum Erwandern an den Rändern, wo der Blick hinabstürzt ins Tal der Linth, die sich tief eingegraben hat in den Flysch, der – gut sichtbar beim Kärpfbrüggli – von den viel älteren Gesteinsschichten des Verrucano überlagert wird. Eine andere im Wortsinn verrückte Geschichte, auf die wir an anderer Stelle in diesem Buch eingehen. Beim Mürtschenstock (Seite 56) etwa oder im Bündnerland beim Flimserstein (Seite 20). (DC)

# Rundwanderung zur Muttseehütte

# Energie-Reich

Die Spuren der Elektrowirtschaft sind in den Schweizer Alpen allgegenwärtig. Ganz besonders gilt das für das hintere Glarnerland, wo die Stauseen des Linth-Limmern-Kraftwerks das Landschaftsbild prägen. Klagen darüber sind jedoch verfehlt. Im Gegenteil: Kaum ein Wanderer verschmäht die Hilfe der Bergwerkseilbahn, die einen von Tierfed in wenigen Minuten tausend Höhenmeter hinaufhievt zum Ober Baumgarten. Und obwohl es zuerst etwas Überwindung braucht, in die Unterwelt einzutauchen, wird man es sich nicht nehmen lassen, wenigstens einmal den Bergwerkstollen zum Limmerensee zu durchschreiten. Dreiviertel Stunden nichts anderes hören als den dumpfen Nachhall der eigenen Schritte, nichts anderes sehen als den immer gleich bleibenden Fluchtpunkt des Tunnels im Dämmerlicht, nichts anderes riechen als feuchtigkeitsdurchtränkte Katakombenluft, nichts anderes denken als – nichts. Dann, endlich, wird man freigegeben, hinausgespuckt in gleissendes Tageslicht. Die Luft ist rein, das Tal des Limmerensees eng. Steil windet sich der Bergweg in die Höhe, mit jedem Meter ändert sich die Farbe des Sees von fahlem Blaugrau in intensives Türkis. Mit T3 ist der Weg über den Mörtel angegeben. Gemäss der früheren Bezeichnung wäre das unter EB, also «erfahrener Bergwanderer» gefallen. Auf der neuen SAC-Wanderskala ist dieser Grad geschlechterneutral mit «anspruchsvolles Bergwandern» umschrieben. Von «weglosen Schrofen» ist dabei die Rede, von «ausgesetzten Stellen, die mit Seilen oder Ketten gesichert sein können». Tatsächlich: Mörtel ist der treffende Ausdruck für die Gesteinsqualität, und man ist froh um die einzelnen Ketten.

Die Rundhöcker unterhalb der Muttseehütte tragen die Spuren des Gletscherschliffs.

**Gebiet**
Glarner Alpen

**Charakterisierung**
Äusserst abwechslungsreiche alpine Rundwanderung im Herzen der Glarner Alpen mit immer wieder überraschenden Weit- und Tiefblicken.

**Schwierigkeit**
Einzelne Passagen sind im Auf- wie im Abstieg etwas exponiert, jedoch gut gesichert (beides sind kontrollierte Hüttenwege). T3.
Der eventuelle Aufstieg zum Ruchi ist alpines Bergwandern (T4, siehe Haupttext).

**Wanderzeit**
Ober Baumgarten (Bergstation Luftseilbahn)–Limmerenstollen–Mörtel–Muttseehütte–Chalchtrittli–Bergstation Luftseilbahn: 5 Std.
Besteigung des Ruchi ab Muttseehütte und zurück zur Hütte: 4 Std.

**Höhendifferenz**
Ober Baumgarten–Muttseehütte: 540 m
Muttseehütte–Ruchi: 600 m

**Talort**
Linthal (653 m ü. M.)
Ehemaliges Industriedorf am Fusse des Klausenpasses. Als Hotel zu empfehlen: Hotel Tödi, Tierfed, Telefon +41 (0)55 643 16 27.
Mit öffentlichem Verkehr: SBB nach Ziegelbrücke und weiter nach Linthal. Im Sommer einige Postautokurse von

Blau in grau: Der Muttsee, im Aufstieg zum Ruchi gesehen. Im Hintergrund Bifertenstock und Tödi.

Flüelen über den Klausenpass. Von Linthal Gebirgstaxi bis Tierfed: Gisler Transport, Telefon +41 (0)79 418 45 92. Mit Pw: Autobahn Zürich–Sargans bis Ausfahrt Niederurnen, dann Kantonsstrasse via Schwanden bis Linthal-Tierfed. Oder von Altdorf über den Klausenpass.

### Wegbeschreibung
Von Tierfed mit der Luftseilbahn zur Bergstation auf 1860 m ü. M. bei Ober Baumgarten (Telefon +41 [0]55 643 31 67). Dann etwa 40 Minuten durch den Kraftwerkstollen (Taschenlampe mitnehmen!) zum Limmerensee. Dem Wanderweg entlang steil ansteigend über den Mörtel (einzelne Ketten) und über eine zweite Steilstufe hinauf zur Muttseehütte. Abstieg zuerst westwärts zum Muttenwändli, dann wiederum dem Wanderweg folgend über Nüschen–Chalchtrittli zurück zur Bergstation der Luftseilbahn.

### Unterkunft/Verpflegung unterwegs
Muttseehütte SAC (2501 m ü. M.)
Malerisch am Muttsee gelegenes, gemütliches Berghaus. 75 Plätze, durchgehend bewartet von Mitte Juni bis Mitte Oktober. Telefon +41 (0)55 643 32 12, info@muttseehuette.ch, www.muttseehuette.ch. Zugang: siehe Wegbeschreibung.

### Karten
1:25 000, 1193 Tödi
1:50 000, 246 Klausenpass

### Variante
Von der Muttseehütte weiter über die Kistenpass- und die Bifertenhütte nach Breil/Brigels im Bündner Oberland: Eine Übergangswanderung der Superlative. T3. Zeitersparnis: 1 Std.

Die Muttseehütte ist eine Übernachtung wert. Schade wäre es, nicht wenigstens einmal die Rundsicht über den Selbsanft hinaus ins Abendlicht getaucht zu sehen und auf einem der gletschergeschliffenen Rundhöcker die Gedanken über den Muttsee schweifen zu lassen – nicht ahnend, dass auch dieser Bergsee zum Kraftwerksystem gehört, dass er alljährlich um 29 Meter abgesenkt wird und mit den 9 Millionen Kubikmetern Wassern, die durch einen unterirdischen Abfluss aus ihm herausgemolken werden, immerhin 7 Millionen Kilowattstunden Strom gewonnen werden. Und am andern Tag hätte man die Möglichkeit, vor der Rückkehr, die im Sinne einer Rundwanderung oben herum über das Muttenwändli und den Nüschen zur Seilbahnstation hinunterführt, noch den Ruchi zu besteigen. Aber aufgepasst: Mit T4 (früher: BG – Berggänger) ist der Aufstieg zum Ruchi bezeichnet, ein Schwierigkeitsgrad, der neu mit «Alpinwandern» umschrieben ist. Im Klartext heisst das: Die Route ist teilweise weglos, an gewissen Stellen braucht es die Hände zum Vorwärtskommen, das Gelände ist recht exponiert. Hier die exakte Umschreibung des Zustiegs zum Ruchi: Steinmänner führen einen auf die Hintersulzlücke, dann folgt eine weglose Querung in steilem Geröll, und dann erst erkennt man die Wegspuren, die in einer direkteren Linie durch eine erste Felsstufe hindurchführen. Nun sind die Spuren klarer, das Gelände bleibt aber ohne festen Halt und Tritt. Trotzdem: Der Aufstieg lohnt sich. Denn die Aussicht vom Ruchi von den Bündner über die Glarner bis zu den Berner Alpen ist grenzenlos. (DC)

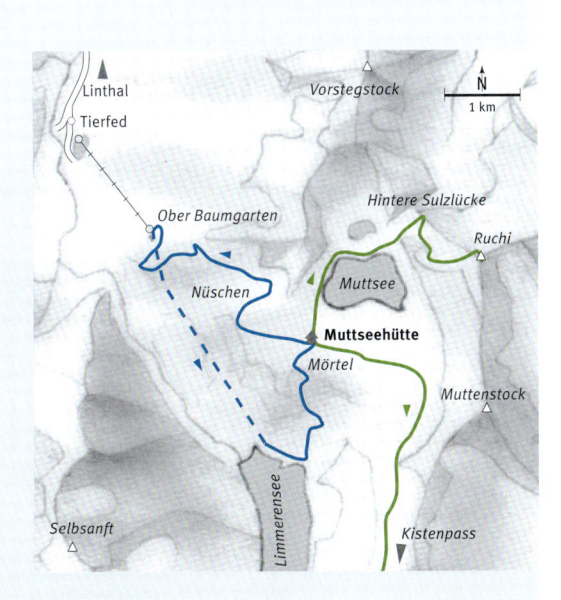

Gleich ist es geschafft: Der Mörtel ist überwunden, die Hütte ist nicht mehr weit.

Blick vom Rigi Chänzeli zum Pilatus.

Zentralschweiz

■ Rund um die Mythen

# Auf den Spuren Goethes

Gleich zweimal hat Johann Wolfgang Goethe den Weg zwischen Einsiedeln und Schwyz über die Haggenegg begangen: 1775 von Schwyz aus und wieder zurück, und 1797, damals 48-jährig, von Einsiedeln her nach Brunnen. Der Tagebucheintrag des ersten Ausfluges des 27-Jährigen ist so knapp wie flüchtig: «d.16.Abendes 1/4 auf 8 am dem Schwizer hocken gegenüber. den ersten Schnee gegen über. Awfull tiefe tanne im thal.» In seinem grossen Werk «Dichtung und Wahrheit» finden wir seine eigene Übersetzung: «... standen wir den Schwyzer Haggen gegenüber, zweien Berggipfeln die nebeneinander mächtig in die Luft ragen. Wir fanden auf unsern Wegen zum erstenmal Schnee, und an jenen zackigen Felsgipfeln hing er noch vom Winter her. Ernsthaft und fürchterlich füllte ein uralter Fichtenwald die unabsehlichen Schluchten, in die wir hinab sollten ...» Mit den Schwyzer Haggen meint Goethe die Mythen, deren nördlichster Gipfel noch heute Haggenspitz heisst. Und gleichzeitig verrät Goethe in seinem Tagebucheintrag, dass «Haggen» etwas mit «Hocken» zu tun hat, also eine Art Hochsitz meint. Zum Sitzen war es Goethe offensichtlich nicht zumute angesichts des Schnees und der Fichtenschlucht, die bei Lichte betrachtet so fürchterlich nicht ist, wie Goethe es schildert. Und heute sowieso nicht, wo der Wald gezähmt und manierlich herausgeputzt dasteht. Auch bei der zweiten Reise gab es kein langes Halten auf der Haggenegg. Oben, auf 1414 Metern, war ihm neuerlich keine Sicht vergönnt. Nicht hinab in den Talraum von Schwyz und Brunnen, wo der Urnersee als glänzende Sichel im Ausschnitt zwischen Mythen und Rigi schimmert, nicht auf das Zackenmeer der Urner Alpen und nicht einmal auf die Mythen selbst.

Als wollte es sich mit den Mythen messen: Herrschaftshaus oberhalb Schwyz.

**Gebiet**
Schwyzer Voralpen

**Charakterisierung**
Rundwanderung in geschichtsträchtiger und aussichtsreicher Umgebung.

**Schwierigkeit**
T2. Keine speziellen Schwierigkeiten. Wandern auf gut bezeichneten Wegen.

**Wanderzeit**
Rund 5 Std. Abkürzungsmöglichkeit bei Zwüschet Mythen (siehe Variante).

**Höhendifferenz**
1000 m

**Ausgangspunkt**
Schwyz (516 m ü. M.)
Kantonshauptort mit historischem Dorfkern. Verkehrsverein: Telefon +41 (0)41 810 19 91.
Mit öffentlichem Verkehr: SBB von Arth-Goldau oder Flüelen nach Schwyz. Bus vom Bahnhof ins Dorfzentrum.
Mit Pw: Autobahn von Zug–Rotkreuz Richtung Brunnen bis Ausfahrt Schwyz/Ibach. Von Pfäffikon SZ über den Sattel nach Schwyz.

**Wegbeschreibung**
Vom Dorfzentrum den braunen Jakobsweg-Schildern entlang und stetig ansteigend bis zur Haggenegg (1414 m ü. M.). Nach der Passhöhe rechts absteigend in südlicher Richtung den Flanken der Mythen entlang zur Holzegg (1405 m ü. M.). Von der Holzegg absteigend über die Alpen Holz und Hasli zurück nach Schwyz.

**Verpflegung unterwegs**
Berggasthaus Haggenegg, Telefon +41 (0)41 811 17 74.
Berggasthaus Holzegg, Telefon +41 (0)41 811 12 34.

**Varianten**
– Wildromantische Abkürzung über den Zwüschet-Mythen-Sattel: Bei der östlichen Umgehung der Mythen kurz vor der Alp Zwüschet Mythen abbiegen in einen

Schwyz am Ufer des herbstlichen Nebelmeers.

Von Norden präsentieren sich die Mythen besonders wuchtig.

tiefen Einschnitt zwischen dem Grossen und Kleinen Mythen. In einer weit ausholenden Kehre und über Geröllhänge hinab zur Lichtung Günterigs, von dort Waldweg über Chlösterli zurück nach Schwyz. T3, Achtung Steinschlag.
– Von der Haggenegg absteigen nach Brunni, dann mit Luftseilbahn zur Holzegg.

## Karten
Landeskarte 1:25 000, 1152 Ibergeregg
Landeskarte 1:50 000, 236 Lachen

## Literatur
Barbara Schnyder-Seidel: Goethes letzte Schweizer Reise, Insel, 1980
Barbara Schnyder-Seidel: Anders zu lesen, Goethe in der Schweiz, Francke, 1989
Meinrad Inglin: Werner Amberg – Die Geschichte seiner Jugend, Roman

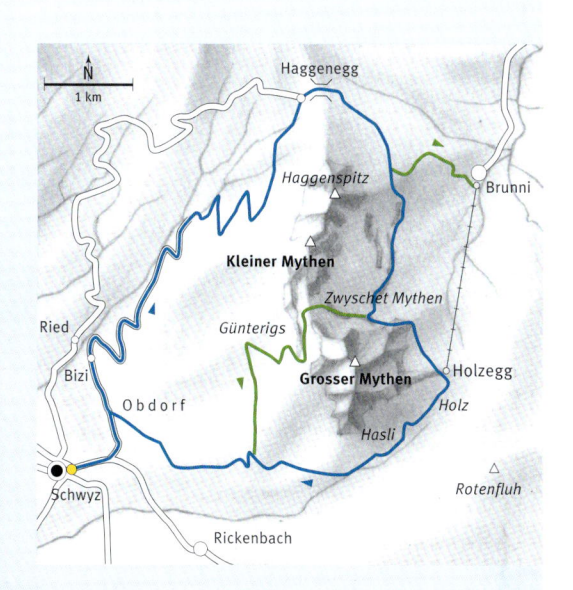

Der Ellbogen liegt bei Brunnen: der Urner Arm des Vierwaldstättersees, im Aufstieg zum kleinen Mythen gesehen.

Über die Haggenegg führt auch der Jakobsweg. Der Meditationspunkt Haggenegg steht unter dem Motto «hören». Wer noch weiter hineinhört, was Pass und Wirtshaus zu erzählen haben, trifft auf weitere Geschichten, die einen dunkeln Schatten auf diesen so oft begangenen Scheitelpunkt werfen. Hier war der junge Meinrad Inglin in den Ferien, ging bester Laune Tag für Tag auf Entdeckungstour, «beflügelt, begierig», wie er in seinem Roman «Werner Amberg» schreibt, als plötzlich sein Vetter dastand und ihm die Kunde vom Bergtod seines Vaters am Tödi überbrachte. Jäh holte den sensiblen Dichter das ein, was sich wie ein Leitmotiv durch sein ganzes Leben hindurchziehen wird – dass «alles Schöne und Freudige wieder mit Schrecken, Angst und Trauer endete». Aber – gottseidank – die meisten Ankömmlinge ahnen heutzutage nichts von dieser Vergangenheit, sie geniessen Bier und Aussicht, und sie haben Recht.

Wir aber stehlen uns davon, weg von diesem Ort, und bewegen uns unter der Ostflanke der Mythen hinüber zur Egg am andern Ende dieses Massivs, das sich als monumentaler Überrest längst verschwundener geologischer Gesteinsdecken der Erosion entgegenstellt. Es ist die Holzegg, ein Übergang ohne grosse Geschichte zwar, aber mit einer ebenso umfassenden Rundsicht. Nur die Rotenfluh wölbt sich im Osten dem neugierigen Blick entgegen, doch wer eine Stunde aufbringt, ist schnell dort oben und sieht dann das, was nur die Gleitschirmflieger noch besser sehen: das gesamte Rundumpanorama der Urner und Schwyzer Alpenwelt. Von der Holzegg sodann senkt sich der Weg bis unter das Adlerspitzli die Mythenflanke entlang abwärts und brandet schon bald wieder an die ersten Häuserzeilen des nun im Abendlicht schimmernden Dorfes Schwyz. (DC)

## Rigi-Rundwanderung

# Rund über die Rigi

Die Rigi – was soll man da Neues erzählen? Wohl niemandem brauche ich zu erklären, wie lauschig die Seebodenalp, wie aussichtsreich das Chänzeli bei Rigi Kaltbad, wie beliebt der Felsenweg zum Restaurant Unterstetten ist (wo man übrigens die günstigsten gut gebratenen Koteletts weit und breit bekommt).

Und doch – auch auf der Rigi gibt es noch Ecken, bei denen es eigentlich fast schade ist, dass man sie in einem Buch an die Öffentlichkeit zerrt. Eine dieser Ecken ist dort, wo die Rigi eigentlich aufhört. Hinter dem Gipfel nämlich, dort, wo die Flühe jäh gegen den Zugersee hin abstürzen und sich nur der schwindelerregend steile Bergweg von der Seebodenalp her (Begehung auf eigene Gefahr) hinaufwindet. Da übersieht man geflissentlich, dass es nördlich des Gipfels noch eine kleine, nur mässig steil abfallende Schulter gibt, die sich hinunterzieht gegen den Goldauer Berg. Da wollen wir hin.

Damit das Ganze aber eine Rundwanderung ergibt, die wirklich alles zeigt, was die Rigi zu bieten hat, starten auch wir in Rigi Kaltbad und folgen den Spazierenden zum First. Dann aber tauchen wir ab, vorbei an der Heinrichshütte zur Station Klösterli der Goldau-Rigi-Bahn. Bald führt uns der Weg aus diesem Einschnitt heraus zum Hohrick. Verführerisch deutet der Wegweiser nach oben zum Gipfel, aber noch müssen wir widerstehen und setzen unseren Weg den Höhenkurven entlang fort. Nahe gerückt ist der Rossberg, wo am 2. September 1806 das Unfassbare geschah: 40 Millionen Kubikmeter durchnässtes Nagelfluhgestein glitten auf einer schmierigen Mergelschicht zu Tal und rissen 457 Menschen und unzählige Tiere in den Tod. Von hier aus lässt sich der Lauf dieser als Goldauer Bergsturz bekannten grössten Naturkatastrophe der Schweiz bestens nachverfolgen.

*Der Felsenweg ist zu Recht berühmt.*

*Alte Holzzäune am Rand des Abgrunds. Im Hintergrund Rigiturm und Zugersee.*

**Gebiet**
Zentralschweizer Voralpen

**Charakterisierung**
Panoramarundwanderung, wo die 360-Grad-Rundsicht des Rigigipfels während eines Tages in homöopathischen Dosen verabreicht wird.

**Schwierigkeit**
Der Schlussaufstieg zum Rigigipfel ist etwas steil und rutschig (T3). Ansonsten T1 und T2.

**Wanderzeit**
Rigi Kaltbad–Rigi Klösterli–Hohrick–Brettannen–Rigi–Rigi Staffel–Chänzeli–Rigi Kaltbad: 4–5 Std. Diverse Abkürzungsmöglichkeiten.

**Höhendifferenz**
500 m im Auf- und Abstieg

**Ausgangspunkt**
Rigi Kaltbad (1438 m ü. M.)
Fremdenverkehrsmässig bestens erschlossene Sonnenterrasse auf dem Weg von Vitznau oder Weggis zur Rigi. Infos: www.rigi.ch oder Telefon +41 (0)41 390 11 55.
Mit öffentlichem Verkehr: Bus oder Vierwaldstätterseeschiff bis Weggis oder Vitznau. Luftseilbahn (von Weggis) oder Zahnradbahn (von Vitznau) nach Rigi Kaltbad.
Mit Pw: Von Küssnacht a. Rigi oder Brunnen Kantonsstrasse nach Vitznau bzw. Weggis, dann umsteigen auf Luftseilbahn oder Zahnradbahn.

An Einkehrmöglichkeiten mangelt es nicht: Alpwirtschaft Heinrichshütte.

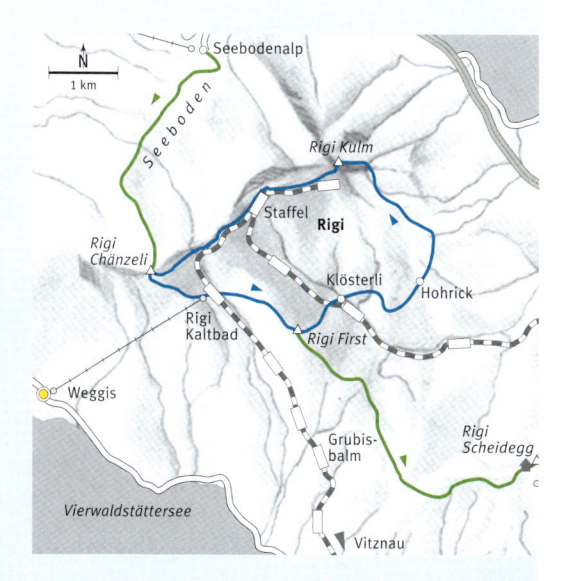

Ins Leere gebaut: die Sonnenterrasse der Rigi-Hostellerie.

### Wegbeschreibung
Von Rigi Kaltbad südöstlich nach Rigi First (1453 m ü. M.). Den Wanderwegschildern folgend zur Station Klösterli, weiter zuerst etwas ansteigend, dann den Höhenkurven entlang Richtung Hohrick. Weiter die Höhe haltend auf die Nordostseite der Rigi wechselnd zur Geländeterrasse (Alpgebäude). Auf deutlichen Wegspuren an deren Rand hinauf und am Schluss steil über Nagelfluhschrofen zum Gipfel (1797 m ü. M.). Abstieg den Wegweisern folgend über Rigi Staffel und Chänzeli nach Rigi Kaltbad.

### Unterkunft/Verpflegung unterwegs
Diverse.

### Karten
Landeskarte 1:25 000, 1151 Rigi
Landeskarte 1:50 000, 235 Rotkreuz

### Varianten
Das Gebiet rund um die Rigi bietet eine Fülle von Varianten. Besonders beliebt:
– Wanderung von Rigi Kaltbad zur Rigi Scheidegg: T2, 2–3 Std.
– Wanderung von der Seebodenalp (Luftseilbahn von Küssnacht a. R.) via Altruedisegg und Chänzeli nach Rigi Kaltbad: T2, 2–3 Std.

Bei Hohrick vollziehen wir wieder eine 90-Grad-Linkskurve, verschwinden für kurze Zeit im steilen Bergwald und gelangen so zur vergessenen Schulter. Dahin, wo die Alpenrosen noch nicht abgeweidet und verschwunden sind, wo eine einsame Alp zum Innehalten einlädt und von wo der Blick hinunter zum Zugersee nicht direkter sein könnte. Es überkommt einen das Gefühl, als ob man mit einem Gleitschirm die Flanken der Rigi entlangsegeln würde. Ein Gefühl, das erhalten bleibt, während wir unsere Kreise hinaufziehen, bis wir direkt unter dem Gipfel über den Absperrzaun klettern, die Augen reiben und realisieren: Die Zivilisation hat uns wieder. Das wird auch so bleiben, bis wir wieder unten in Rigi Kaltbad sind, egal, ob wir nun die Bahn nehmen oder – was sich unbedingt lohnt – uns vom Besucherstrom hinuntertreiben lassen an Rigi Staffel vorbei und neben dem Bahntrassee unter dem Rotstock hindurch und dann – die Bahn verlassend – noch weiter südwestlich bis zu den einladenden Bänken mit dem grossen Holzkreuz. Dort ein weiterer Halt zum Sein und Staunen über die Schönheit der Zentralschweizer Bergwelt. Doch das Gleitschirmgefühl bleibt noch weiter erhalten bis hinunter zum Chänzeli, wo die Pressefotografen regelmässig Schlange stehen, wenn es wieder einmal dem Publikum unten in der Nebelsuppe zu zeigen gilt, wie schön die Welt über der Nebelgrenze ist. Erst jetzt lassen wir unsere Seele die Flügel wieder einziehen, denn Rigi Kaltbad ist nahe, und die Flügel sollen ja beim Gedränge in der Bahn keinen Schaden nehmen … (DC)

## Napf-Rundwanderung

# Am Ende der Welt – und mitten drin

Eigentlich ist das Napfgebiet zwischen dem Luzerner Hinterland und dem Bernbiet nichts weiter als ein riesiger Schuttfächer der Ur-Reuss. Hier wie etwa auch im oberen Tösstal wurden die Ablagerungen der sich faltenden Alpen zu den Konglomeratgesteinen zusammengekittet, die unter dem Namen «Nagelfluh» bekannt sind. Kein Wunder, hat hier die Erosion gewirkt und tiefe Runsen wie den Fankhausgraben oder den Brandöschgraben in das Urdelta eingelassen. Vorab auf der Luzerner Seite des Napf wird nicht nur seit dem 16. Jahrhundert nach Gold geschürft, sondern noch das alte Köhlerhandwerk gepflegt. Rund um die Uhr bewacht, dampfen Kohlenmeiler vor sich hin. Rechnen tut sich das nur, weil ein Grossverteiler sich bereit erklärt hat, die Napfkohle zu einem guten Preis abzunehmen, und weil die Kundschaft bereit ist, ihre Gartengrills mit dieser teuren, dafür einheimischen Kohle anzufeuern. Ansonsten zählt das Napfgebiet zu den zwar schmucken Voralpengebieten der Schweiz, die es indes schwer haben, sich wirtschaftlich über Wasser zu halten. Dies, obwohl die Napfbewohner mit Nischenprodukten sehr innovativ sind und das Entlebuch gar zum Unesco-Biosphärenreservat erhoben worden ist.

Ein Grund mehr, den Weg in eines der Napftäler zu finden und dieses Gebiet voller landschaftlicher Reize zu erwandern. Als Ausgangspunkt für eine Rundtour besonders geeignet erscheint Luthern zwischen Willisau und Huttwil, nicht ganz am Ende der Welt, aber doch so weit weg, dass sich nur schon deshalb eine Übernachtung im Dorfhotel empfiehlt. Die zahlreichen Geländerippen und waldbestandenen Einschnitte bieten dann eine ganze Auswahl an Wander- und Bikewegen,

**Gebiet**
Entlebuch

**Charakterisierung**
Ideales Wander- und Bikegebiet für die ganze Familie. Die Höhenunterschiede sind moderat, die Steigungen jedoch oft recht steil.

**Schwierigkeit**
T2. Gutes Schuhwerk wird empfohlen, da die Wege zum Teil rutschig sind.

**Wanderzeit**
Luthern–Obere Scheidegg–Höchänzi–Napf: 3½ Std.
Napf–Trachselegg–Luthernbad: 1½ Std.

**Höhendifferenz**
Luthern–Napf: 630 m
Luthernbad–Napf: 530 m

**Talorte/Ausgangspunkte**
Luthern (778 m ü. M.)
Das Dorf mit dem schönsten Dorfplatz im Luzerner Hinterland. Ein Hotel, zwei Restaurants.
Mit öffentlichem Verkehr: SBB von Langenthal über Huttwil oder von Luzern über Wolhusen–Willisau nach Zell. Von dort Rufbus nach Luthern, Telefon +41 (0)800 55 30 60 (Gratisnummer).
Mit Pw: Von Langenthal über Huttwil nach Hüswil. Von Sursee über Ettiswil und Gettnau nach Hüswil. Von Luzern über Wolhusen–Willisau nach Hüswil. Dann weiter nach Luthern.

Luthernbad (875 m ü. M.)
Fraktion von Luthern unmittelbar am Fuss des Napf. Ein Hotel/Restaurant.
Zufahrtswege: Wie nach Luthern.

**Wegbeschreibung**
Von Luthern zuerst eher steil, dann gleichmässig ansteigend auf Schotterstrassen zum Nesslisboden und von

Bei Föhn sind die Berner Oberländer Alpen zum Greifen nah.

dort auf einem Wanderweg zum Gumen. Von dort auf dem Grenzgrat zwischen den Kantonen Luzern und Bern in Richtung Südosten am Naturfreundehaus und an der Oberen Scheidegg vorbei zum Höchänzi (1339 m ü. M.). Von dort verläuft der Weg zuerst steil abfallend zum Nideränzi (1233 m ü. M., Schlüsselstelle für Biker) und weiter zuerst in der Südflanke, dann auf dem Südgrat zum Gipfel des Napf (1405 m ü. M.). Abstieg über die Nordrippe des Napf zur Trachselegg und in derselben Richtung weiter zur Mittler Ei, (946 m ü. M.), von wo eine Fahrstrasse nach Luthernbad führt.

### Unterkunft/Verpflegung unterwegs
Naturfreundehaus Ämmital (1150 m ü. M.) Familienfreundliche Hausgemeinschaft im Chaletstil auf Alp Höchschwändi, 47 Schlafplätze (Zimmer und Matratzenlager). Bewartet an Wochenenden bei schönem Wetter. Telefon +41 (0)34 437 16 34. Zu Fuss erreichbar von Luthern über Nesslisboden–Gumen oder über Wilmisbach–Untere Scheidegg, 1½ Std.

### Berghotel Napf (1407 m ü. M.)
Für alle, die den Sonnenaufgang beim Frühstück auf dem Gipfel geniessen wollen. 109 Plätze (Zimmer und Matratzenlager). Ganzjährig offen. Telefon +41 (0)34 495 54 08, Fax +41 (0)34 495 60 02.

### Karten
Landeskarte 1:25 000, 1148 Sumiswald, 1149 Wolhusen, 1168 Langnau i. E., 1169 Schüpfheim (Der Napf liegt bezüglich der Einteilung der Landeskarten sehr ungünstig.) Landeskarte 1:50 000, 234 Willisau, 244 Escholzmatt Wanderkarte Entlebuch–Emmental, zu beziehen bei Schad & Frey, Kirchberg BE, Telefon +41 (0)34 447 49 49.

### Varianten
– Auf den Napf führen insgesamt 32 verschiedene Wanderrouten. Die kürzeste (nur mit Pw) führt von der Mettlenalp zuhinterst im Fankhausgraben steil in rund 1 Std. zum Gipfel. Zufahrt über Trubschachen–Trub.
– Im Napfgebiet sind auch schöne zweitägige Höhenwanderungen möglich.

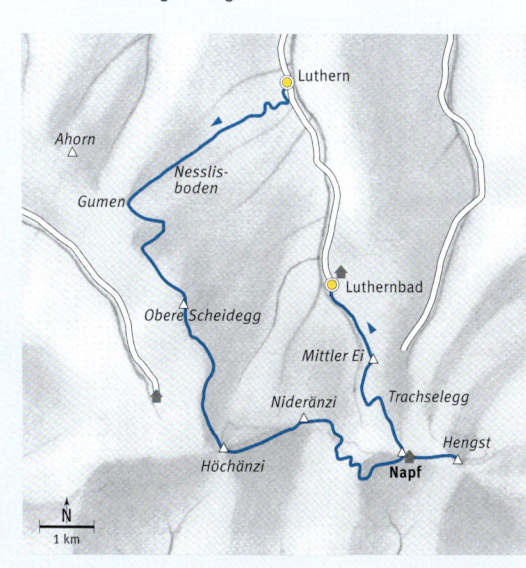

Auch der Napf hat seine Kreidefelsen.

Alt, aber heimelig: das Napf-Berghaus.

die von Luthern oder dann von Luthernbad auf den Napf und zurück führen. Über dreissig Wege sind es insgesamt, die zum Napf führen, der kürzeste führt von der Mettlenalp zuhinterst im Fankhausgraben in nur einer Stunde auf den Gipfel.

Wir verbinden indes den Aufstieg mit einer Höhenwanderung über den Gumen und die Obere Scheidegg. Dort bietet ein Naturfreundehaus allen, die in dieser wildromantischen Umgebung abseits der Hauptaufstiegspisten etwas länger verweilen wollen, Kost und Logis. Wer die Grenzbäume auf der Krete nicht als solche erkennt, wird aufgrund der verschiedenen Baustile der Ställe und Bauernhäuser hüben und drüben unschwer herausfinden, ob der Weg nun auf Luzerner oder auf Berner Boden verläuft. Lange waren die behäbigen Berner Höfe reicher ausgestattet, die Aebi-Ladewagen grösser und moderner als die grünen Bührer-Traktoren auf der Luzerner Seite. Noch heute sind da und dort Unterschiede feststellbar. Grosse Schrifttafeln weisen zudem auf die Besonderheiten von Flora und Fauna hin in einem Gebiet, das sogar Lebensraum für Auerhähne bietet.

Auch der Gipfel selbst ist trotz der geringen Höhe von nur gerade 1408 Metern einen Ausflug wert. Weil er vom eigentlichen Alpenkranz etwas abgesetzt ist, sieht man gleichsam von aussen in die Berner, Innerschweizer und Waadtländer Alpen hinein. Das Panorama wird dabei im Süden dominiert vom Dreigestirn Eiger, Mönch und Jungfrau, die sich von ihrer eindruckvollsten Seite zeigen. (DC)

■ Rund um den Fürstein

# Wenn vom Berg ein Jutz ertönt

Es ist ein Niemandsland, da hinten im Entlebuch, dort, wo sich die nördlichen Ausläufer der Schrattenfluh wie riesige Kalkdünen zwischen Chrachen und Tobeln verlieren. Nur an einer Stelle, zwischen dem Fürstein und dem Rickhubel, hat sich bei diesem letzten Aufbäumen eigentlich längst zur Ruhe gekommener Gesteinsmassen eine Art Strudel gebildet, wo die Wellen quer liegen zur Stossrichtung der Alpenfaltung und eine kleine Geländemulde einfassen. Prompt hat sich dort ein Seelein eingenistet, und fromme Menschen haben an diesem Ort natürlicher Heiligkeit eine Kapelle erstellt. Gut möglich, dass man dort, wenn sonst niemand zugegen ist, plötzlich einen Naturjutz vernimmt, der von den Flanken des Fürsteins zurücktönt und sich dann im Talgrund verliert. Er wird von einem Entlebucher Älpler stammen, der hier seine Dankbarkeit und Freude in den Tönen kundtut, die ganz von innen kommen und zu Herzen gehen. Gerade diese Natur des Entlebuchs scheint nämlich den Urgrund einer Jodlerkultur zu bilden, die hier ungleich stärker als andernorts in der Schweiz gepflegt wird. Es sind denn auch ganz grosse Namen der Szene, die an den Flanken des Fürstein-

Am schönsten mit Nebelmeer: Wandern auf den Höhen zwischen Obwalden und Entlebuch.

Der Meister begutachtet sein Werk auf dem Wissguber.

**Gebiet**
Entlebuch

**Charakterisierung**
Eine Rundwanderung voller interessanter Einblicke in einer ganz eigenen Bergwelt.

**Schwierigkeit**
Teilweise ist der Weg undeutlich markiert, oder es sind, wie beim Schlussaufstieg auf den Fürstein, bloss Wegspuren vorhanden. Insgesamt T2 mit einzelnen Stellen T3.

**Wanderzeit**
Glaubenberg–Sewenegg–Fürstein–Wissguber–Rickhubel–Sewenegg–Glaubenberg: 5–6 Std.

**Höhendifferenz**
650 m im Auf- und Abstieg

**Ausgangspunkt**
Berghotel Langis (1500 m ü. M.)
Komfortables Gästehaus in einem Gebiet, das vor allem im Winter unter den Langläufern und den Schneeschuhgeherinnen bekannt ist.
Mit öffentlichem Verkehr: Zentralbahn von Luzern bis Sarnen, dann Postauto nach Langis.
Mit Pw: Autobahn von Luzern Richtung Brünig bis Ausfahrt Sarnen Nord/Kerns, dann westwärts Richtung Sarnen (3 Kreisel). Beim letzten Kreisel Richtung Stalden, von dort auf der Bergstrasse bis Langis, knapp unterhalb des Glaubenbergpasses. Achtung: Töfffahrer!

**Wegbeschreibung**
Von Langis ein Stück der Passstrasse entlang Richtung Glaubenberg, dann auf Armeesträsschen links abbiegen und südwestlich Richtung Schnabel (Gehöft). Von dort auf Kiessträsschen hinauf zur Sewenegg (1749 m ü. M.) und nordwestlich zum Sewenseeli. Entlang den Wanderwegzeichen hinauf zum Fürstein (2039 m ü. M.), dann auf der Krete ostwärts zum Wissguber. Von dort auf der Krete bleibend, aber diesmal südöstlich über den Rickhubel zurück zur Sewenegg (Wegspuren, einzelne Wegweiser).

Im Reich der Schratten: Blick vom Fürstein ins Entlebuch.

**Unterkunft/Verpflegung unterwegs**
Keine.

**Karten**
Landeskarte 1:25 000, 1189 Sörenberg, 1169 Schüpfheim
Landeskarte 1:50 000, 244 Escholzmatt

massivs aufgewachsen sind und ihren Jodelgesang in die ganze Welt hinausgetragen haben.

Grund genug, diese Welt zwischen den Welten mit einer Rundwanderung zu erschliessen, die zumindest eine Annäherung ermöglicht an dieses Gebiet, das zum Biosphärenreservat Entlebuch gehört. Sie beginnt wenig unterhalb der Glaubenberg-Passhöhe, wo ein grosser Parkplatz dazu dienen soll, dass man sein Gefährt dort abstellt und nicht irgendwo auf der grünen Wiese. Daran halten wir uns und folgen zu Fuss einem von der Armee genutzten Asphaltsträsschen, das schon bald von der Passstrasse links abzweigt und zu einem Gehöft führt. Dort geht es über in einen breiten Kiesweg und hinauf zur Sewenegg, wo der eigentliche Ausgangs- und Zielpunkt der Entlebucher Schnuppertour ist.

Schon glänzt von ferne das Seeli im Morgenlicht und lädt ein zu einer ersten Rast. Es ist eine ruhige, in sich abgeschlossene Welt hier, und man riecht den Moderduft des nahen Hochmoores. Eigentlich erstaunlich, dass es hier so viel Wasser gibt, pflegt doch der Kalk in der Regel alles Wasser zu verschlucken. Da muss es also noch etwas anderes geben unter der Oberfläche, Mergel vielleicht oder eine Tonschicht. Ton? Wie kommt die deutsche Sprache nur dazu, eine Gesteinsart mit dem Basiselement aller Musik gleichzusetzen? Die Entlebucher Älpler scheinen die Antwort zu kennen …

Wir erahnen sie nur und steigen, Wegspuren folgend, auf zum Fürstein, der höchsten Erhebung im näheren Umkreis. Wir staunen ob der Weite kaum berührter Natur mitten in der Schweiz, suchen in der Karte nach Namen, die wir noch nie gehört haben, und schauen hinunter zur Grossen Entlen, die als kleines Rinnsal an der Nordflanke des Berges entspringt und bei jedem der schweren Gewitter, die das Entlebuch regelmässig heimsuchen, zu einem reissenden Strom anschwillt. Dann wechseln wir hinüber zum Wissguber und folgen weiter dem Grat über den Rickhubel zurück zur Sewenegg. Gewiss, der Fürstein ist ein kleines Stück Erde für die Menschheit, aber für uns ist es ein grosses Stück, um an einem Tag erwandert zu werden – und ein Wertvolles dazu. (DC)

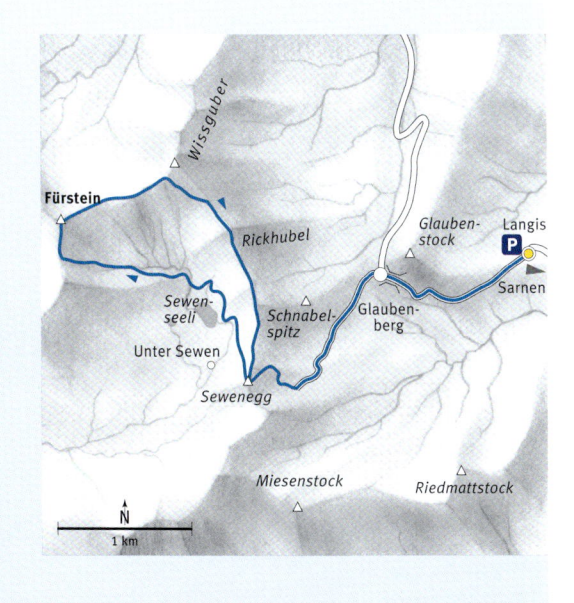

■ Rund um das Wirzweli

# Die Bähnchentrophy

Nidwalden, das Land zwischen «See und heche Bärge», wie es im Landsgemeindelied besungen wird, hat etwas zu bieten, was vielen andern Regionen abgeht: schöne Wandermöglichkeiten zwischendrin, nämlich zwischen der Talebene und den alpinen Gebieten, auf dem mittleren Stockwerk sozusagen. Und dieses mittlere Stockwerk ist so gut ausgebaut, dass es sogar für ausladende Balkone reicht. Ein solcher Balkon ist das Wiesland zwischen dem Wirzweli und dem Wiesenberg. Sanft steigt es an zum Ächerli hin, einem Übergang zwischen Nid- und Obwalden, auf dem sich, wäre die Witterung nicht so rauh, wenn auch nicht ein Acker, so doch ein Garten oder gar ein Fussballfeld anlegen liesse.

Trogschulter nennt sich das im Geologenjargon, und wie es sich für eine Schulter gehört, geht es dort, wo diese aufhört, steil und stotzig dem einst von Gletscherkraft ausgekerbten Talgrund zu. So steil, dass sich unter dem Wirzweli eine Bachrüfe bei jedem Gewitter weiter bergwärts frisst und kaum zähmbar lockeres Moränenmaterial mit sich reisst. Und so steil, dass das Wirzweli direkt nur auf dem Luftweg erreichbar ist. Das ist aber nicht weiter schlimm, denn die Seilbahn ist neu und geräumig – es wird an diesem Rundwandertag nicht die einzige sein, wohl aber die modernste.

Das zweite Bähnchen erwartet uns rund zehn Gehminuten von der Bergstation weg, dort, wo im Winter Kleinkinder den Tellerlift belagern und die Grösseren von der Gummenalp daherbrausen. Im Sommer sind die Lifte kahl und leer, nur eine winzige Vierplätzerkiste erspart den schweisstreibenden Aufstieg zur Gummenalp. Also Kurbel drehen, bis es schellt, einsteigen, Tür zu und warten, bis ein langgezo-

Hike and Fun: Bobbahn Wirzweli.

Ein letzter Trunk bei Sonnenschein: Restaurant Sulzmätteli.

**Gebiet**
Engelbergertal

**Charakterisierung**
Locker, leicht, lustig für die ganze Familie.

**Schwierigkeit**
Gut bezeichnete Wanderwege. Oft T1, teilweise T2. Im Abstieg zum Sulzmattli bei Nässe rutschig, da doch eher steil.

**Wanderzeit**
Gummenalp–Egg: 45 Min.
Talstation Dürrenboden–Ächerli (Kapelle): 45 Min.
Ächerli–Wiesenberg: 1½ Std.

**Höhendifferenz**
Insgesamt rund 250 m im Aufstieg und 400 m im Abstieg

**Ausgangspunkt**
Wirzweli (1222 m ü. M.).
Familienausflugs- und Ferienort im vorderen Engelbergertal. Mehrere Gasthäuser. Infos: www.wirzweli.ch oder Telefon +41 (0)41 628 23 94.
Mit öffentlichem Verkehr: Zentralbahn von Luzern via Stans nach Dallenwil, von dort in 30 Min. zu Fuss oder mit Pendelbus zur Talstation der Wirzweli-Bahn. Mit der Luftseilbahn zum Wirzweli.
Mit Pw: Autobahn von Luzern Richtung Gotthard bis Ausfahrt Stans Süd, dann Kantonsstrasse bis Dallenwil. Für diese Rundwanderung beim Bahnhof parkieren und mit Pendelbus zur Wirzweli-Bahn, denn die Wiesenberg-

bahn am Schluss der Rundwanderung führt direkt ins Dorf hinunter. Ansonsten Fahrmöglichkeit auf steiler, kurvenreicher Bergstrasse über Wiesenberg und weiter nach Wirzweli.

### Wegbeschreibung
Von der Bergstation Wirzweli auf breitem Fahrweg zur Talstation Gummenalpbahn. Von der Bergstation der Gummenalpbahn (1579 m ü. M.) rechts oder links an einem bewaldeten Hügel vorbei zur Vorderegg und zur Eggbahn. Von ihrer Talstation auf bezeichnetem Wanderweg zum Ächerli und in Richtung Stanserhorn zur Kapelle Holzwang. Von Holzwang auf nunmehr steilem Wanderweg hinunter zum Sulzmattli und von dort teils auf Wanderweg, das letzte Stück auf Fahrstrasse hinunter zur Bergstation der Wiesenbergbahn. Mit dieser zurück ins Dorf Dallenwil und in fünf Minuten zum Bahnhof.

### Verpflegung unterwegs
Diverse Verpflegungsmöglichkeiten: Siehe Haupttext.

### Karten
Landeskarte 1:25 000, 1170 Alpnach, 1190 Melchtal
Landeskarte 1:50 000, 245 Stans

### Varianten
– Aufstieg Wirzweli–Gummenalp über den Vorder Gummengibel (1426 m ü. M.), ohne Luftseilbahn: 1¼ Std.
– Vorderegg–Ächerli ohne Luftseilbahn: 1 Std.

Zeit zum Sein: «Bräteln» bei der Vorderegg.

genes Klingeln die Abfahrt ankündet. Ein sanfter Ruck, ein zweiter, und bedächtig zuckelt die Kiste nach oben.

Dort wartet die erste Beiz inklusive Kinderspielplatz, und nicht weit davon bietet sich von einem Hügel ein erster Tiefblick direkt hinunter ins Engelbergertal und auf dessen östlicher Seite zum Brisen, den Walenstöcken, dem Uri Rotstock. Im Norden bestimmen das Stanserhorn und das Buochserhorn die Szenerie, zwei Berge, die, will man der erklärenden Tafel am Wegrand glauben, eigentlich gar nicht mehr da sein dürften. Es sind Überbleibsel einer geologischen Decke, die schon längst abgetragen wurde und in Meeresgründe eingegangen ist.

Begleitet vom Panorama zieht sich die Rundwanderung weiter in Richtung Vorderegg, wo bei Bedarf schon wieder eine Bähnchenkiste winkt. Diesmal ist sie blau statt rot, sonst aber bietet sie dasselbe Ritual: Kurbeln, Schellen, Einsteigen, Klingeln und Hinwegschweben über Tobel und Chrächen zur nächsten Beiz. Von dort gehts aufwärts zum Ächerli, aber nicht zu steil und auch nicht zu weit, und zwischendrin gibt es nochmals eine Einkehrmöglichkeit in einer hübschen Mini-Alpkäserei. Dermassen gestärkt liegt der Gang zur Kapelle locker drin. Sie schmiegt sich eng an die Flanke des Stanserhorns und thront wie ein Hochsitz über dem Obwaldner Haupttal und dem Sarnersee. Nun gehts munter runter, am Holzwang und einer weiteren Beiz, dem Sulzmattli, vorbei zur Strasse, die hinunterführt zum Wiesenberg. Dort endet der Tag, wie er begonnen hat – mit einer Bähnchenfahrt. Kurbeln, Schellen, Einsteigen bitte. (DC)

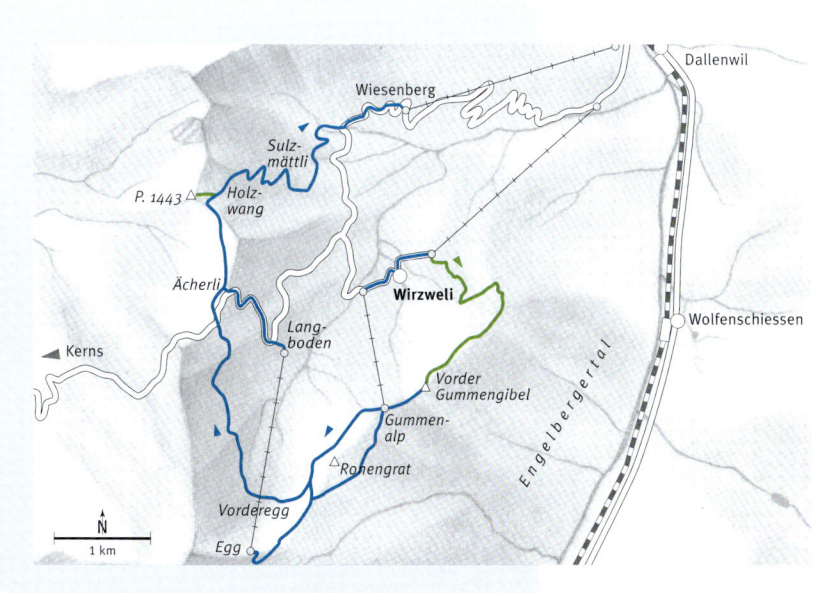

■ **Rund um die Melchsee-Frutt**

# Tanz auf dem Gipfelkamm

Die weite Hochebene von Melchsee-Frutt mit ihrem Gratkranz ist vor allem als Winterskiort ein Begriff. Wagenladungsweise werden dann die Sonnenhungrigen bei der Stöckalp in die Gondelbahnkabinen verfrachtet und auf das sonnige Plateau hinaufgehievt. Aber auch im Sommer wird das Gebiet immer mehr entdeckt – von Wandernden zum Beispiel, die auf dem berühmten Höhenweg hinwegwandeln zur Engstlenalp und von dort zum Jochpass ob Engelberg, von Kletterern, die die nahen Kalkwände des Bonistocks entdeckt haben, oder von Hundesportlern, die hier ein ideales Trainingsgelände vorfinden. Weniger bekannt ist, was die Melchsee-Frutt für die Berggängerinnen und Berggänger zu bieten hat. Und das ist nicht wenig. Ein Tagewerk nämlich voller Überraschungen auf einem Grat, der sich vom Hochstollen über das Glogghüs bis zum Rothorn erstreckt. Vorauszuschicken ist aber: Die Verhältnisse müssen stimmen. Keine Altschneefelder dürfen mehr in den schattigen Ritzen kleben, kein nächtlicher Schauer darf die Wegspuren aufgeweicht oder gar die Plattenschüsse mit Eis überzogen haben. Denn die Sache ist vielerorts steil und recht exponiert, und aus dem T4, das man dieser Tour bei guten Verhältnissen zu geben geneigt ist, wird bei ungünstigen Verhältnissen schnell T5 mit Hochtourencharakter. Im Zweifelsfall packe man dann einen kleinen Winterpickel in den Rucksack.

Nun aber genug der präventiven Abschreckung, und los geht's von der Frutt am malerischen Blausee vorbei ins Abgschütz hinauf. Schon hier entrollt sich ein prächtiger Ausblick ins Kleine Melchtal. Dies ist aber nur ein Vorgeschmack auf die Rundsicht vom Hochstollen selbst, dessen abgeflachter Nordwestgrat hier beginnt und unschwierig zur grasgepolsterten Gipfelkuppe führt. Unterwegs lohnt sich ein Blick

Stillleben mit Boot auf dem Melchsee.

**Gebiet**
Zentralschweizer Voralpen

**Charakterisierung**
Ausgesetzte Alpinwandertour entlang der Grenze zwischen den Kantonen Obwalden und Bern.

**Schwierigkeit**
Teiweise exponierte und steile Passagen, die ein gutes Auge für die richtige Aufstiegsroute verlangen. T4, bei schlechten Verhältnissen mehr.

**Wanderzeit**
Melchsee-Frutt–Abgschütz–Hochstollen–Glogghüs–Rothorn–Talistock–Stöckhütte–Melchsee-Frutt: 6–7 Std. Abkürzungsmöglichkeit: Vom Blausee auf weiss-blau-weiss markiertem Bergweg eine sehr steile Rinne hinauf direkt zum Wit Ris. Zeitersparnis: 1 Std.

**Höhendifferenz**
Rund 900 m im Auf- und Abstieg

**Ausgangspunkt**
Melchsee-Frutt (1887 m ü. M.)
Fremdenverkehrsort inmitten eines Hochplateaus. Mehrere Hotels, Pensionen und Ferienhäuser. Verkehrsverein: Telefon +41 (0)41 669 12 10 oder +41 (0)41 660 70 70, www.melchsee-frutt.ch.
Mit öffentlichem Verkehr: Zentralbahn von Luzern bis Sarnen, dann Postauto bis Stöckalp. Von dort Gondelbahn nach Melchsee-Frutt.
Mit Pw: Autobahn von Luzern Richtung Brünig bis Ausfahrt Sarnen Nord/Kerns, im Dorf Kerns Abzweigung Richtung Melchtal–Stöckalp. Von dort Gondelbahn oder mit dem Auto weiter bis Melchsee-Frutt (Achtung: Geregelter Einbahnverkehr, gebührenpflichtige Strasse).

**Wegbeschreibung**
Von Melchsee-Frutt am Blausee vorbei und dann schräg aufwärts bis zum Abgschütz (P. 2222). Von dort dem Grat entlang zum Gipfel des Hochstollen (2480 m ü. M.). Abstieg zum Einschnitt von Wit Ris (gute Wegspuren), dann auf dem Grat bleibend über den Fulenberg (2331 m ü. M.) und an einer stillgelegten Liftanlage vorbei zum Einstieg des Glogghüs. Der Alpinpfad über das Glogghüs (2534 m ü. M.) und dann weiter über den Grat bis zum Rothorn (2525 m ü. M.) ist gut bezeichnet. Einzelne Stellen weisen Klebeanker auf. Die Wegspuren sind meist gut ersichtlich. Vom Rothorn absteigen Richtung Läuber. Im Einschnitt führt ein Weg unter dem Rothorn hindurch zurück zum Ostgrat, der in Richtung Talistock abfällt. Auf dem nun bezeichneten Wanderweg zum Balmeregghorn und zwischen Talistock und Melchseestock hinunter zum Melchsee.

**Unterkunft/Verpflegung unterwegs**
Keine.

Wie auf einem hohen Seil balanciert man auf schmalem Grat dem Rothorn entgegen.

Die Abkürzung nach Wiit Ris ist blau-weiss-blau als Bergweg markiert.

Dem Himmel nah: Auf dem Hochstollen.

## Karten
Landeskarte 1:25 000, 1210 Innertkirchen
Landeskarte 1:50 000, 255 Sustenpass

## Variante
Einfachere Alternativ-Rundwanderung: Von Melchsee-Frutt entlang dem Bonistock-Felsriegel zur Chringen. Über den Bonistock (2168 m ü. M.) zurück nach Melchsee-Frutt. T3, 3 Std.

zurück auf die Schichtung der Kalkbänder. Unheimlich, welche Kräfte hier am Werk gewesen sein müssen, um diese spektakulären Verformungen zu bewirken! Auf dem Gipfel sieht man aus der Vogelperspektive zu den Spitzen des Berner Oberlandes, zum Titlismassiv und hinunter zu den Tälern Nid- und Obwaldens. Dann aber verengt sich der Blick zunehmend, obwohl die Rundsicht während der nächsten zwei Stunden dieselbe bleibt. Denn es gilt, vor die eigenen Füsse zu schauen, um nicht wirklich einen Flugversuch zu riskieren. Diese Gefahr besteht noch nicht so sehr über den Fulenberg bis unter das Glogghüs, dann aber ganz sicher. Denn längst ist der Weg Wegspuren gewichen, die Hände haben die Hosentaschen verlassen und suchen da und dort nach stabilisierenden Griffen. Es ist kein Klettern im eigentlichen Sinne, das da gefragt ist, sondern eher ein Kraxeln und ein sicheres Gehen im Gelände. An den heikelsten Stellen sind sogar Klebeanker angebracht, damit eine Sicherung am kurzen Seil Sinn macht und der Genuss ein totaler ist. Ein Genuss, der sich über einen guten Gratkilometer erstreckt, bis zum Rothorn, wo dann langsam der Sinkflug beginnt: über den Grat zum Talistock hinweg zum Wanderweg, der eine sanfte Landung an den Gestaden des Melchsees garantiert. (DC)

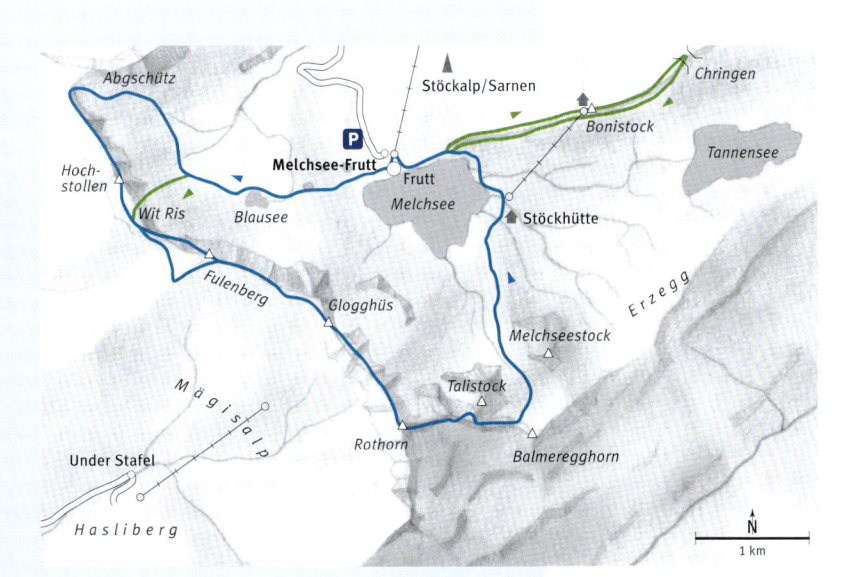

■ Seen-Rundwanderung am Gotthard

# Alpen-Wellness

Man braucht nicht einmal ganz zum Gotthard-Hospiz hinaufzufahren, wo altehrwürdige Steingebäude trotzig in der Brandung des überbordenden Verkehrsaufkommens stehen. Es reicht, von Hospental kommend einige Meter vor der Passhöhe nach rechts abzuzweigen, langsam um die Schlaglöcher herumzukurven und das Auto direkt unter der Staumauer des Lucendro-Stausees zu parkieren. Man kommt hierher, wenn die Hitze im Tal unerträglich und die Wassertemperatur im Freibad dem Siedepunkt nahe ist. Im Rucksack verstaut findet sich das, was ein Wanderer eigentlich immer dabei haben sollte: ein Regenschutz – und die Badehose. Beides ist leicht, beides schützt, und beides hat mit dem zu tun, was wir hier suchen: Luft, um durchzuatmen. Bergerde, um sie zu riechen. Und Wasser. Frisches, klares Bergwasser. Um eine Zehe hineinzustrecken. Und dann eine zweite, eine dritte, bis der feine Schlamm zwischen ebendiesen Zehen hochquillt, das azurblaue Wasser die Hosenstösse nässt und einen mutigen Entscheid aufdrängt: Soll ich, oder soll ich nicht?

Vorerst gilt es, sich erst ein wenig aufzuwärmen. Das Warm-up-Programm der ganzheitlichen Open-Air-Wellness-Tageskur beginnt mit einem kurzen Belastungsintervall bis hinauf zur Krone der Staumauer. Sodann folgt eine Entlastungssequenz den Höhenkurven entlang und dem Wegweiser folgend, der zur Alpe di Rodont führt und dann zur Bäderlandschaft der Laghi d'Orsirora weist. Noch einmal wird der Kreislauf gefordert, bis die schreibtischstarren Gelenke warm

Alle Welt trifft sich auf dem Gotthardpass.

**Gebiet**
Gotthard

**Charakterisierung**
Eine Bädertour der andern Art. Das totale Open-Air-Wellness-Erlebnis.

**Schwierigkeit**
T2. Durchwegs bezeichnete Wanderwege, bei Nässe teilweise glitschig. Gutes Schuhwerk unerlässlich.

**Wanderzeit**
Lago di Lucendro–Lago d'Orsino–Laghi d'Orsirora–Laghi della Valletta–Lago di Lucendro: 4 Std.

**Höhendifferenz**
Insgesamt rund 600 m

**Talort**
Hospental (1493 m ü. M.)
Gemütliches Tourismusdorf an der Kreuzung zwischen Furka- und Gotthardpassstrasse. Einige Hotels und Pensionen. Infos: Verkehrsverein Andermatt, Telefon +41 (0)41 887 14 54.
Mit öffentlichem Verkehr: SBB nach Göschenen, dann Matterhorn-Gotthard-Bahn (MGB) via Andermatt nach Hospental.
Mit Pw: Gotthardautobahn bis Ausfahrt Göschenen, dann weiter via Andermatt nach Hospental.

**Ausgangspunkt**
Gotthard-Hospiz (2091 m ü. M.)
Restaurations- und Hotelbetrieb, Telefon +41 (0)91 869 12 35.

Sanft schlängelt sich der Wanderweg den Laghi d'Orsirora entlang.

Mit öffentlichem Verkehr: Postauto von Hospental.
Mit Pw: Gotthardpassstrasse bis Gotthardpass, dann auf alter Strasse zurück bis an den Fuss der Staumauer des Lucendro-Stausees.

## Wegbeschreibung
Hinauf zur Krone der Lucendro-Staumauer. Dann rechts abtauchen und auf Wanderweg zuerst den Höhenkurven entlang, dann mässig ansteigend zum Lago d'Orsino (Seenwanderung). Leicht ansteigend in grossem Linksbogen, vorbei an einem weiteren kleinen, teilweise versumpften Seelein zu den Laghi d'Orsirora. Weiter südwestwärts zum Passo d'Orsirora. Von dort lohnender Abstecher zur Gatscholalücke (2528 m ü. M.) oder direkt hinunter zu den Laghi della Valletta. Von dort auf dem Wanderweg der Seenrundwanderung zurück zum Ausgangspunkt.

## Unterkunft/Verpflegung unterwegs
Keine.

## Karten
Landeskarten 1:25 000, 1251 Val Bedretto, 1231 Urseren
Landeskarten 1:50 000, 265 Nufenenpass, 255 Sustenpass

## Variante
Oberhalb des Lago d'Orsino weglos weiter rechts hinauf (kleine Krete) zum Winterhorn (2660 m ü. M., siehe Karte). Vom Winterhorn in herrlich offenem Gelände Richtung Südwesten (Panorama!) bis zur Gatscholalücke und steil hinauf zum Pizzo dell'Uomo (2686 m ü. M.). Teils Wegspuren. Im Zweifelsfall auf dem Grat bleiben. Vom Gipfel des Pizzo dell'Uomo links hinab (Ostgrat) zu den Laghi della Valletta: T3–T4, 5½ Std. Herrlich wilde Gratwanderung für erfahrene Bergwanderer. (Siehe dazu: Die schönsten Gratwanderungen der Schweizer Alpen, AT Verlag, 2005.)

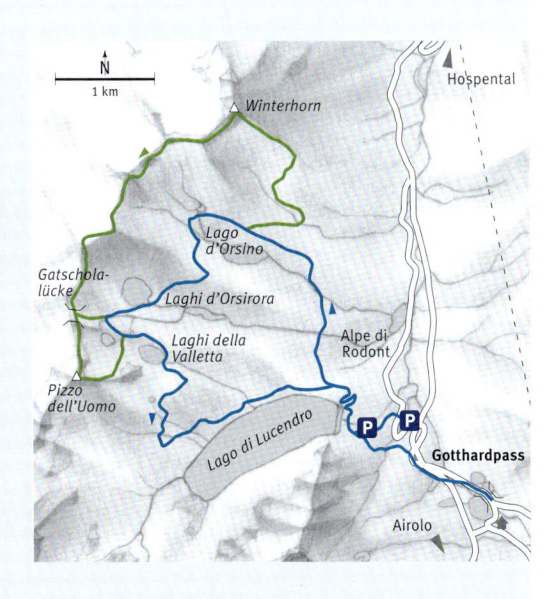

Hier ist man oft allein: im Abstieg von der Gatscholalücke, im Hintergrund Lago della Valletta.

gelaufen sind, sich der erste Hunger im Bauch bemerkbar macht und der Rücken nass ist. Und schon ist er da: Der erste Badesee, der Lago d'Orsino, liegt verträumt in einer der Geländemulden, die hier von der Kraft des Gletschers in den Gotthardgranit hineinmodelliert wurden. Sich hinsetzen, das Blau des Sees bewundern, etwas essen, die Seele baumeln lassen. Dann hineinsteigen, das Wasser in den Kniekehlen prickeln, die Hüfte umfliessen lassen. Nun tief einatmen, Atem anhalten, tauchen! Wahrnehmen, wie das Herz einen Moment zu schlagen aufhört, das Adrenalin in den Kopf schiesst und das Blut in den Adern gefriert. Dann mit starren Gliedern hastig wieder hinauswaten und nachspüren, wie es sich anfühlt, neu geboren zu sein. Diesen Vorgang nicht mehr als dreimal wiederholen, denn Bergseetauchen kann süchtig machen.

Wer solchermassen infiziert ist, wird unverzüglich die nächste Frischluft-Wellness-Einheit in Angriff nehmen. Also anziehen, Rucksack schultern, und schon merklich leichter, lockerer und entschlackter die nächsten knapp zweihundert Höhenmeter in Angriff nehmen. Dort ruht kreisrund der mit 2444 Metern über Meer höchstgelegene See der Bädertour. Vielleicht dümpeln noch einige letzte Eisinseln im sonnenabgewandten Teil des Seeleins, während gegenüber die Granitrundhöcker schon angewärmt sind und einladen, das Ritual vom Lago d'Orsino zu wiederholen. Mit oder ohne Bad, das bleibt dem Badewanderer überlassen. Denn es folgen noch weitere, wieder etwas tiefer gelegene Seen und ein Abstecher hinauf zu einem Pass, den man sich nicht entgehen lassen sollte. Denn von der Gatscholalücke stürzt der Blick jäh hinunter ins Urserental und zur Furkapassstrasse, wo sich die Autos und Motorräder in Spielzeuggrösse aneinander vorbeischieben. Und wenn etwas pfeift, ist es die Furka-Dampfbahn, die mit Hilfe von Tausenden Bahnfreunden wieder aufgeweckt wurde.

Nun wieder die Glieder lockern, den Kopf auslüften und elastisch hinuntertraben zu den Laghi della Valletta. Dort trifft man sich mit den Ausflüglern, die vom Lucendro-Stausee den Weg direkt hierher gefunden haben, um eine Zehe ins Wasser zu strecken, und dann eine zweite, bis … Den eingeübten Fünfseen-Wellness-Wanderern wird das nun aber zu wenig sein. Sie werden hineinsteigen, eintauchen – und losschwimmen. Egal, ob die Lippen blau, die Beine schwer, die Knie weich sind nachher, denn es geht nur noch abwärts, oben leicht und unten schwerelos, am Stausee vorbei zum Auto und zum Pass, wo die Wurst nun doppelt schmeckt. (DC)

■ Rundwanderung im Maderanertal

# Ein See zum Verlieben

Das Maderanertal ist schon etwas mehr als ein Geheimtipp. Es ist eine Destination geworden für all jene stressgeplagten Unterländer, die hierher kommen, um Sonne und Ruhe zu tanken. Mit der Sonne ist das kein Problem, denn Nebel ist im Maderanertal kein Thema – und schon gar nicht oben im «Erholungsgebiet Golzern». Mit der Ruhe jedoch ist es an schönen Sonntagen bereits etwas vorbei, und sie droht schon bei der Talstation des nach den Unwettern von 2005 neu erbauten Golzernbähnchens in der allgemeinen Hektik unterzugehen. Darum empfiehlt es sich, bei dieser Rundwanderung antizyklisch vorzugehen. Das heisst: Entweder so früh aufbrechen, dass man bei den Ersten ist, oder so spät, dass die meisten Touristen schon hinaufgeseilt sind. Oder dann – natürlich – während der Woche. Dann hat man die ganze Sonnenterrasse für sich, und auch der Golzerensee blinkt verträumt in der Morgensonne. Ein richtiger Bergsee, in alpiner Umgebung eingebettet, aber doch mit 1409 Metern über Meer so tief gelegen, dass sich ein Bad geradezu aufdrängt und dazu das Bräteln einer Wurst an einer der Feuerstellen rund um den See.

Gerade für Familien ist der See ein lohnendes Tagesziel, und der Abstieg direkt vom See zurück ins Maderanertal ergibt eine abwechslungsreiche Mini-Rundwanderung. Die Maxi-Variante lässt einen aber nach dem See weiter aufsteigen, an würzig duftenden Bergwiesen vorbei und durch weitere Vegetationsstufen hindurch zu den Golzeralpen. Und wenn man schon da ist, wird man es sich nicht nehmen lassen, auch noch der Windgällenhütte einen Besuch abzustatten. Sehenswert die herrschaftliche Beleuchtung der Hüttenstube, lobenswert die gute Küche, bemerkenswert die umfassende Rundsicht von diesem Adler-

Treppensteigen im Herzen der Urner Alpen.

Nicht nur romantisch: Tobende Wasser haben im Maderanertal schon viel Schaden angerichtet.

**Gebiet**
Urner Alpen

**Charakterisierung**
Abwechslungsreiche Wanderung mit vielen Varianten. Sicher ist aber die Badehose mit im Rucksack.

**Schwierigkeit**
Mini-Variante: Egg–Golzerensee–Stössi–Talstation. T2
Maxi-Variante: Egg–Golzerensee–Golzeralpen–Windgällenhütte–Tritt–Balmenegg–Talstation. Stellen T3, sonst T2.

**Wanderzeit**
Mini-Variante: 3 Std.
Maxi-Variante: 6–7 Std.

**Höhendifferenz**
Mini-Variante: 550 m im Abstieg
Maxi-Variante: 600 m im Aufstieg, 1150 m im Abstieg

Gute Aussichten: Wie ein Adlerhorst thront die Windgällenhütte über dem Maderanertal.

## Ausgangspunkt

Golzern (1395 m ü. M.)
Streusiedlung am Rande der Geländemulde des Golzerensees. Zwei Restaurants. Übernachtungsmöglichkeiten: Siehe bei Unterkunft.
Mit öffentlichem Verkehr: SBB bis Amsteg, dann Bus über Bristen bis Golzern, Talstation Seilbahn. Von dort Luftseilbahn nach Golzern.
Mit Pw: Gotthardautobahn bis Ausfahrt Amsteg, dann enge Bergstrasse hinauf nach Bristen/Golzern bis zur Talstation der Seilbahn.

## Wegbeschreibung

Von Egg (Bergstation Golzernbahn) auf gutem Weg (kinderwagengängig) zum Golzerensee. Mini-Variante: Nach dem Golzerensee rechts hinunter auf gutem Wanderweg in einigen Kehren ins Tal. Auf der Talstrasse bequem zurück nach Golzern. Maxi-Variante: Nach dem Golzerensee gleichmässig ansteigend zu den Golzeralpen (schöne Aussichtspunkte am Wegrand). Abstecher zur Windgällenhütte oder dann auf Höhenweg ostwärts. Beim Tritt windet sich der Weg steil in die Tiefe (T3). Dann entweder links ausholend über das Hotel Maderanertal oder dann rechts direkt über Balmenegg ins Tal. Auf Fahrstrasse zurück nach Golzern (Talstation Seilbahn).

## Unterkunft/Verpflegung unterwegs

Restaurant Golzerensee, Telefon +41 (0)41 883 11 56; Gasthaus Edelweiss beim Golzerensee, Telefon +41 (0)41 883 13 46; Windgällenhütte, Telefon +41 (0)41 885 10 88; Hotel Maderanertal, Telefon +41 (0)41 883 11 22.

## Karten

Landeskarte 1:25 000, 1212 Amsteg, 1192 Schächental
Landeskarte 1:50 000, 256 Disentis, 246 Klausenpass

## Variante

Abkürzungsmöglichkeit bei Maxi-Variante: Vor Öfeli direkt hinunter nach Balmenegg (steil, Bergweg, T3). Zeitersparnis: 1 Std.

Der Golzernsee ist Anziehungspunkt unzähliger Wanderer. Im Hintergrund der Bristen.

horst. Vor allem der Bristen, vom Urner Haupttal her gesehen ein unüberwindbares Bollwerk, zeigt sich hier von einer freundlicheren, durchaus besteigbaren Seite.

Nach diesem Abstecher zieht sich der Höhenweg noch eine ganze Weile ostwärts über Stock und Stein und vor allem über jede Menge Bäche, die es kunstvoll zu überspringen gilt, wenn nicht ein Steg hilft. Erst hinten beim Tritt macht er rechtsumkehrt und windet sich in steilen Kehren hinab ins Tal. Leider ist der Umweg über das Hotel Maderanertal kein Muss mehr. Das einst trendige Berghotel ist renovationsbedürftig und lebt vor allem noch von seiner bewegten Geschichte. Der Rückweg über die Balmenegg ist demnach, sofern die Trinkflasche nicht leer und ein Getränkehalt nötig ist, die schönere Variante. Ausser man möchte ein Alpentaxi organisieren, das einem die letzten anderthalb Stunden entlang dem Chärstelenbach abnimmt. Denn mit jeder Alp wird die Fahrstrasse besser und der Verkehr nimmt zu, bis die Strasse für die letzte halbe Stunde bis zur Talstation der Golzernbahn sogar asphaltiert ist. (DC)

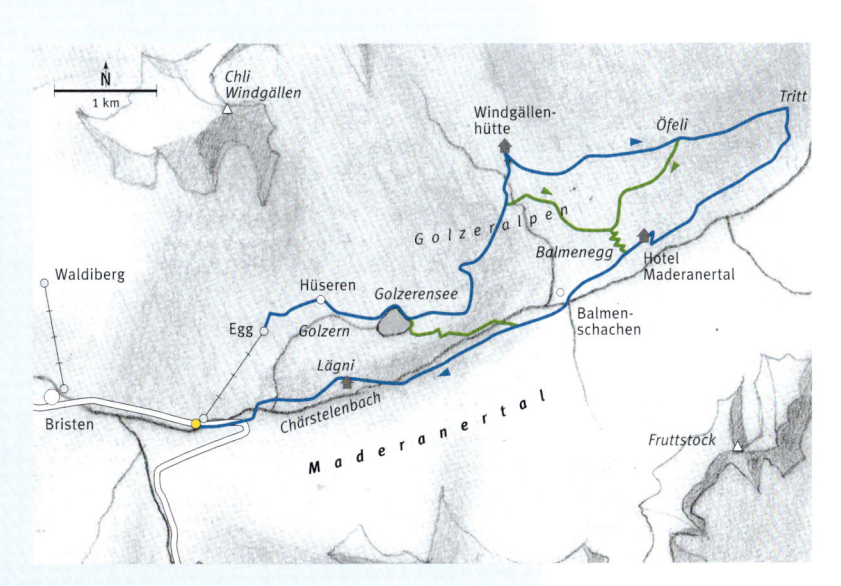

## ■ Rund um den Uri-Rotstock
# Zwischen See und hohen Bergen

Er ist nicht einmal ganz dreitausend Meter hoch, der Uri-Rotstock. Und doch erhebt er sich über dem Urnerland wie ein unüberwindbares Bollwerk. Steil ragt er 2500 Höhenmeter direkt über Seedorf in den Himmel, erhaben und unnahbar. Und wenn der Föhn oder, wie die Einheimischen sagen, der «älteste Urner» wie durch einen Windkanal gepresst das Urner Haupttal hinunterfegt, ergibt sich genau die Stimmung, die Dichter – allen voran Friedrich Schiller in seinem «Wilhelm Tell» –, aber auch Maler durch die Jahrhunderte hindurch an den Fuss dieses Felskolosses gezogen hat.

Wir sind froh, dass uns für die Umrundung dieses Berges die Fahrstrasse ins Grosstal zu Hilfe kommt, die uns doch einige Hundert Höhenmeter Auf- und Abstieg abnimmt. Und doch sind es immer noch über zweitausend Höhenmeter, die uns diese Gebirgstour abverlangt – es sei denn, man genehmigt sich ein Nachtlager auf der Biwaldalp oder in der Gitschenhörelihütte. Dann reduziert sich das Pensum auf ein für Normalbergsteiger gewohntes Mass.

Es geht aber auch ohne Übernachtung – diese Tour ist in einem Tag machbar, wenn man die Zeit klug einteilt. Das erste Gebot dabei ist: Morgenstund hat Gold im Mund. Starten wir also – sagen wir – um sieben Uhr morgens beim Schattenberg, wo die Fahrstrasse endet und eine Seilbahn auf der Sonnseite des Tales zur Gitschenen hinauffährt.

*Die Gitschenhörelihütte ist nur zeitweise geöffnet.*

### Gebiet
Westliche Urner Alpen

### Charakterisierung
Eine herausfordernde Rundtour mit alpinem Charakter, abwechslungs- und aussichtsreich zwischen «See und heche Bärge».

### Schwierigkeit
Abstieg über einfaches Firnfeld T4, sonst T3. Kleine, mit Drahtseilen gesicherte Schlüsselstelle. Anforderungen stellen sich vor allem an die Kondition. Mitnahme von Wanderstöcken empfohlen (Abstiege).

### Wanderzeit
St. Jakob–Biwaldalp: 2 Std.
Biwaldalp– P. 2826 (Gratrücken): 3 Std.
P. 2826–Musenalp: 2 Std.
Musenalp–St. Jakob: 3 Std.
Total 10–12 Std., Etappierungsmöglichkeiten: Siehe unten, Übernachtung unterwegs.

### Höhendifferenz
Insgesamt 2200 m Auf- und Abstieg

### Ausgangspunkt
St. Jakob, Schattenberg (990 m ü. M.)
Postautoendstation im Grosstal. Von der Bergstation der Luftseilbahn nach Gitschenen kann man in schöner Wanderung ins Nidwaldnerland hinüberwechseln. Zwei Hotels in Isenthal. Verkehrsverein: Telefon +41 (0)41 878 11 21.
Mit öffentlichem Verkehr: SBB bis Altdorf, dann Postauto über Isenthal nach St. Jakob.
Mit Pw: Von Luzern Autobahn Richtung Gotthard, durch den Seelisbergtunnel bis Ausfahrt Seedorf. Oder Axenstrasse bis Flüelen und weiter nach Seedorf. Dann dem See entlang retour nach Isleten und von dort ins Grosstal bis St. Jakob.

### Wegbeschreibung
Von St. Jakob/Schattenberg über die Biwaldalp zur Gitschenhörelihütte und dann weiter über eine mit Drahtseilen gesicherte kurze Passage über Schutt zu einem kleinen Sattel nördlich von P. 2826. Zuletzt auf Wegspuren in der Südwestflanke des Uri-Rotstocks zum Gipfel (2928 m ü. M.). Nun von P. 2826 nach Osten steil über Firn und Schutt hinunter zum Chessel, von wo immer deutlicher werdende Wegspuren über den Firnboden zur Musenalp führen. Von der Musenalp links auf Wanderweg hinauf zum Sassigrat und dann via Biwaldalp wieder hinunter nach Schattenberg.

### Unterkunft/Verpflegung unterwegs
Biwaldalp (1694 m ü. M.)
Berghaus knapp über der Waldgrenze mit Blick hinunter ins Grosstal. Matratzenlager mit 70 Plätzen (ein Raum mit 10 Plätzen, einer mit 25 und einer mit 35). Im Sommer geöffnet und bewartet, Telefon +41 (0)41 878 11 62. Erreichbar von St. Jakob her über die ausgeschilderte

»Und das dort hinten ist der Oberbauenstock.« Auf dem Gipfel des Uri-Rotstock.

Anstiegsroute durch das Grosstal bis Rüti, dann an der östlichen Talseite auf einem Forstweg bis P. 1341 und weiter steil via Ober Rüteli.

Gitschenhörelihütte (2325 m ü. M.)
Kleine Hütte am Fuss des Blüemlisalpgletschers. 15 Plätze, grundsätzlich Selbstversorgerhütte. Teilweise geöffnet, von Juli bis Oktober auch teilweise bewartet. Erreichbar auf demselben Weg wie die Biwaldalp. Dann unter den Hängen des Schlieren hoch über dem Talschluss zur rechten Seitenmoräne des Brunnifirns, an deren Ende sich die Gitschenhörelihütte befindet.

**Karten**
Landeskarte 1:25 000, 1171 Beckenried, 1191 Engelberg
Landeskarte 1:50 000, 245 Stans

**Führer**
SAC-Clubführer, Urner Alpen West, SAC-Verlag, Bern

Dort mögen im Hochsommer schon die ersten Sonnenstrahlen das Holz auf der Terrasse des Bergrestaurants wärmen, während wir in der Frische des morgendlichen Schattens zügig hinanschreiten zur Biwaldalp.

Bei diesem Alp-Berggasthaus treffen wir anderthalb Stunden später auf die Wanderer, die dort übernachtet haben und gerade aufbrechen. Wir aber haben zwei Vorteile: Wir sind schon eingelaufen und unsere Rucksäcke sind leichter, da die Übernachtungsutensilien fehlen. Eine kurze Rast also, und wir bewegen uns in gemächlichem, aber regelmässigem Rhythmus der Westflanke von Schlieren und Uri-Rotstock entlang zum Gletschervorland des Blüemlisalpgletschers. Dort steht die Gitschenhörelihütte. Gleichzeitig erwarten uns die ersten Sonnenstrahlen, und wenn es nun elf Uhr ist, sind wir gut im Zeitplan. Die zweite Stärkung also, und weiter gehts auf gut gesicherten Pfaden hinauf zum Gratrücken, der sich vom Gipfel des Uri-Rotstocks gegen Südosten hinunterzieht. Es ist zwölf, Zeit für eine gediegene Mittagsrast. Wer diese Zeit nutzen will, um den kurzen Schlussaufstieg auf den Uri Rotstock auch noch anzuhängen, dem sei das unbenommen – zumal die Aussicht wegen der exponierten Lage dieser Vierkantpyramide beinahe grenzenlos ist. Vor allem bei Föhn glaubt man, mit einem Kopfsprung direkt in den Urnersee tauchen zu können.

Wir rechnen aber mit einer Stunde Erholung, einem feinen Zmittag aus dem Rucksack und vielleicht sogar einem kurzen Nickerchen unter dem Schatten der Dächlikappe. Und wir merken: Die Batterien sind wieder geladen und wir so frisch, als ob wir noch gar keine 1800 Meter Aufstieg hinter uns hätten. Zudem geht's jetzt mal in erster Linie hinunter: Zuerst über ein gutmütiges Firnfeld hinunter zu einer Karebene und dann auf guten Wegen eine schattige Steilstufe hinunter in den Chessel und von dort zur Musenalp. Nun mag es drei Uhr sein, und nach einer weiteren Stärkung in der Alpwirtschaft (trinken Sie viel!) vielleicht halb vier. Dass es jetzt noch einmal vierhundert Meter hinaufgeht, darauf haben wir uns schon zu Beginn der Tour mental eingestellt. Und so setzen wir Schritt vor Schritt, langsam, aber sicher, und schrauben uns fast unmerklich in die Höhe. Die Beine, die zu Beginn des Gegenaufstiegs noch etwas sauer sein mochten, stellen sich schon bald auf den neuerlichen Aufstieg ein, und eine Stunde später stehen wir auf dem Sassigrat. Wenn uns nun eine gewisse Müdigkeit überfällt, darf das sein. Denn nun geht es nur noch bergab, die Tour ist geschafft! (DC)

### Rund um den Schön Chulm im Schächental
# Auf den Spuren von General Suworow

Die Urner haben zweifellos an die Pässewanderer gedacht, als sie sich an die Planung der Älplerbahnen hinauf nach Ruegig und Biel machten. So platzierten sie die Talstation beider Sechsplätzergondeln am selben Ort bei Stalden (Bürglen) – höchst praktisch für uns, die wir morgens berghungrig hinauf nach Ruegig starten und abends mehrfach gesättigt in Biel ankommen. Denn dazwischen haben wir gleich mehrfach das in uns aufnehmen können, was das Wandern über Übergänge so spannend macht: den Blick hinter die Kulissen.

Die erste Kulisse, die sich uns in den Weg stellt, ist der Hagelstock. Zuerst sanft, dann immer mehr an die Flanke geklebt, findet der Weg an diesem vorbei. Nicht aber der Blick: Er bleibt spätestens beim Arvenbänkli hängen an den Urner Alpen zwischen dem Uri-Rotstock ob dem Urnersee und dem Schärhorn über dem Klausenpass. Man setzt sich hin, unweigerlich, atmet den Duft frischen Arvenharzes in sich hinein und nimmt Anlauf für die kurze Steilstufe hinauf zum Hagelstock. Bald ist diese überwunden, der Hagelstock von seiner Westseite erklommen. Das Blickfeld hat sich nun auf 360 Grad ausgedehnt. Weit unten die Ruegigbahn, der wir vor erst zwei Stunden entstiegen sind, dahinter Bälmeten, Gross Ruchen, Schärhorn und Clariden. Dann im Vordergrund der Rossstock, und, uns zu Füssen, das Spilauerseeli. Beides interessiert uns: das Spilauerseeli, um die Füsse zu baden, der Rossstock als Bezugspunkt für den nächsten Höhepunkt unserer Tour – das Spilauer Grätli.

Steil, aber direkt: Die Abkürzung von Biel zur Frutt.

**Gebiet**
Schächental/Urner Alpen

**Charakterisierung**
Ein munteres, voralpines Auf und Ab abseits ausgetretener Pfade. Und am Schluss das Gefühl, nicht nur etwas geleistet, sondern auch erlebt zu haben.

**Schwierigkeit**
T2–T3. Wandern auf festen Wegen oder Wegspuren. Nur wenig markiert vom Spilauerseeli zum Spilauer Grätli.

**Wanderzeit**
Rund 6 Stunden. Es lohnt sich, mit dem ersten Bähnchen, eingeklemmt zwischen Milchkannen, aufzubrechen.

**Höhendifferenz**
Aufstieg: 950 m
Abstieg: 1050 m

**Ausgangspunkt**
Brügg bei Bürglen (659 m ü. M.)
Talstationen der Bergbahnen Ruegig und Biel. Übernachtungsmöglichkeiten in Biel: Restaurant Skihaus Edelweiss, Telefon +41 (0)41 870 26 62; Berggasthaus Biel, Telefon +41 (0)41 870 25 44. www.bielkinzig.ch.
Mit öffentlichem Verkehr: SBB bis Flüelen, dann Bus bis Brügg (Bürglen). Von dort Luftseilbahn nach Ruegig, Telefon +41 (0)41 870 58 08.
Mit Pw: Gotthardautobahn bis Ausfahrt Flüelen, weiter nach Altdorf, dann Klausenpassstrasse bis Stalden (Brügg).

**Wegbeschreibung**
Von Ruegig (1750 m ü. M.) links haltend und aufsteigend zum Schön Chulm (2023 m ü. M.) und von dort rechts auf dem Westgrat zum Hagelstock (2181 m ü. M.). Abstieg nach Nordosten zum Spilauerseeli, dann rechts hinauf zum Spilauer Grätli (Wegspuren). Weiter südöstlich haltend über Frutt nach Chinzig Chulm. Dann auf dem Suworow-Weg hinunter nach Biel.

**Unterkunft/Verpflegung unterwegs**
Keine.

**Varianten**
– Abstieg vom Spilauerseeli zur Lidernenhütte, T2, 30 Min. Mit der Chäppelibergbahn nach Riemenstalden (Bus nach Sisikon)
– Von Frutt auf steilem Bergweg direkt hinunter nach Biel, T3. Zeitersparnis: 45 Min.

**Karten**
Landeskarte 1:25 000, 1192 Schächental, 1172 Muotatal
Landeskarte 1:50 000, 246 Klausenpass

Blick auf die Alp Selez – diesmal aus der Vogelperspektive.

Welches Schaf gehört wem? Nach dem gemeinsam auf der Alp verbrachten Sommer werden die Schafe wieder ihren Besitzern zugeführt.

Schon bald kommt die Schneeschuhzeit: im Aufstieg zum Spilauer Grätli, rechter Hand der Rossstock.

Zugegeben: Nur allzu bald wäre man vom Spilauerseeli zur Lidernenhütte gelangt, hätte dort einen feinen «Kafi Träsch» mit Apfelkuchen genossen und sich nachher von der abenteuerlichen Chäppelibergbahn ins Riemenstaldental hinunterseilen lassen. Aber wir wollen nochmals hoch, auch wenn es über eine Stunde dauert und einige Schweisstropfen kostet, weil wir nochmals darüber – und dahinter schauen wollen, hinter die Urner Bergkulissen. Das Spilauer Grätli enttäuscht uns nicht. Nochmals nach Süden der schwindelnde Blick in die Tiefe. Doch zusätzlich entrollt sich nun gegen Osten das Panorama der Schwyzer und Glarner Alpenwelt: Höch Pfaffen, Glatten, Pfannenstock und – ganz hinten – Glärnisch. Im Vordergrund senkt sich das Hürital nach Norden, jenes unbedeutende Quertal des Muotatals, in dem sich an jenem Vorabend des 18. Jahrhunderts so Denkwürdiges abgespielt hat. Der russische General Suworow und seine Armee, die den Österreichern zu Hilfe eilen wollten, aber den Anschluss verpassten, suchten in höchster Bedrängnis den Weg durch diesen engen Einschnitt, der sich oben ausweitet und schliesslich zum berühmten Chinzigpass führt.

Auch wir gelangen dorthin, mit leichtem Rucksack über liebliche Matten, in munterem Auf und Ab. Ein letzter Schluck auf der warmen Bank vor dem Chäppeli, und runter gehts zwischen Felsen und Flühen. Wenn man dort kurz innehält und still verharrt, dann wird man vielleicht das Echo vom Chinzig hören, das Stöhnen zusammenbrechender Soldaten, das Wiehern ausgemergelter Pferde und die verzweifelten Anfeuerungsrufe aus ausgetrockneten Hauptmannskehlen. Meist aber halten sich die Geister zurück, man kann ungehindert passieren und wird unten wohlbehalten in das Bergrestaurant Biel entlassen. (DC)

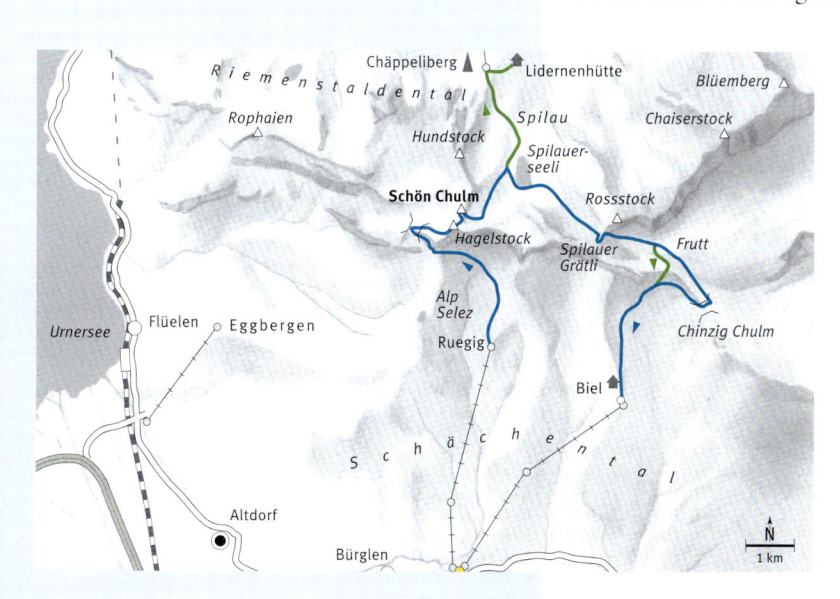

Der Griessee, im Hintergrund das Blinnenhorn.

# Tessin

■ **Rund um den Pizzo dell'Uomo am Lukmanierpass**

# Allein auf weiter Flur

Das Bild ist unwirklich: Der See auf dem Passo delle Colombe ist in das letzte Licht getaucht, weiss spiegelt sich das Rheinwaldhorn von fern im stillen Wasser, und sanft streichelt der Nachtschatten einen Steinkreis, der von Menschenhand auf dem sandigen Seeufer angelegt wurde. Aber jetzt, Mitte November, ist da niemand mehr ausser mir, allein mit der Stille, mit dem tiefen Frieden, der mir entgegenströmt. Heisst darum dieser unscheinbare Übergang Passo delle Colombe? Pass der Tauben, der Friedenstauben? Nein, Tauben gibt es keine mehr hier auf den 2381 Metern über Meer, hoch über der Ebene der Piora auf der einen, hoch über dem Valle Santa Maria – besser bekannt unter dem Namen Lukmaniergebiet – auf der andern Seite. Von dort bin ich aufgestiegen, genau vom Parkplatz 3 (bitte bezahlen) oder von der Postautohaltestelle bei der Alpe Casaccia. Einst war da ein «Lucus magnus», ein grosser Wald also, ein Bergurwald sozusagen. Seit über achthundert Jahren wirkt hier aber die gestaltende Kraft der Menschen oder besser gesagt des Viehs, das von sechs Alpen aus zur Sömmerung auf die malerische Hochebene des Valle Santa Maria getrieben wird. 220 Milchkühe sind es auf dieser grössten der Tessiner Alpen, Jahr für Jahr werden dort über 200 000 Liter Milch produziert und verarbeitet. Wo der Urwald erhalten geblieben ist, wird er jedoch rigoros geschützt. Sieben naturkundliche Wanderwege durchziehen das Gebiet, und mittendrin in Acquacalda steht das Ökohotel Centro Uomonatura der Stiftung Pro Natura.

Auch der Aufstieg zum Passo delle Colombe ist ein solcher Naturlehrpfad. Und das Büchlein verrät, was es mit dem Passo delle Colombe auf sich hat. Mit den Tauben sind die Dolomittürmchen gemeint, die

Was ist stärker – Holz oder Stein?

**Gebiet**
Lukmanier

**Charakterisierung**
Abwechslungs- und lehrreiche Rundtour zwischen den letzten Lärchen und den ersten Schneefeldern.

**Schwierigkeit**
T2, Stellen T3. Keine speziellen Schwierigkeiten, unter dem Passo delle Colombe etwas steil und ruppig.

**Wanderzeit**
Alpe Casaccia–Passo delle Colombe–Passo dell'Uomo–Lukmanierpass–Alpe Casaccia: 5–6 Std. Während der Saison besteht die Möglichkeit, vom Lukmanierpass nach Alpe Casaccia das Postauto zu benützen. Zeitersparnis: 1–1½ Std.

**Höhendifferenz**
Insgesamt ca. 600 m (Auf- und Abstieg)

**Ausgangspunkt**
Hotel Acquacalda (1756 m ü. M.)
Ökohotel von Pro Natura an der Lukmanierpassstrasse inmitten eines nationalen Schutzgebietes. Postautohaltestelle, ½ Std. bis Alpe Casaccia. Geeignet für Familienferien und Seminare, 40 Betten, Telefon +41 (0)91 872 26 10, www.uomonatura.ch, hotel.acquacalda@uomonatura.ch.
Mit öffentlichem Verkehr: RhB von Chur bis Disentis oder SBB-Gotthardstrecke bis Biasca, dann Postauto (Lukmanierroute) direkt vors Hotel.

Von Ferne grüsst das Rheinwaldhorn. Im Aufstieg zur Piano di Canali.

Mit Pw: Von Disentis über den Lukmanierpass oder von Biasca via Olivone Lukmanierstrasse zum Hotel.

### Wegbeschreibung
Von der Alpe Casaccia via Alpe Gana und Campo Salario hinauf zur Ebene Piano di Canali. Von dort in einigen Kehren steil hinauf zum Passo delle Colombe. Sanfter Abstieg zuerst westwärts, dann auf Alpstrasse nördlich an der Ebene Piano dei Porci vorbei zum Passo dell'Uomo. Abstieg durchs Val Termine zum Lukmanierstausee und auf einem Höhenweg dem Südufer entlang zum Lukmanierpass. Von dort über die Alpe Croce auf dem Naturwanderweg Nr. 3 zurück zur Alpe Casaccia.

### Unterkunft/Verpflegung unterwegs
Keine.

### Karten
Landeskarte 1:25 000, 1252 Ambri-Piotta, 1232 Oberalppass
Landeskarte 1:50 000, 266 Valle Leventina, 265 Disentis

### Varianten
– In der Region Acquacalda gibt es eine Reihe lohnender Rundwanderungen zu entdecken. Eine Broschüre der naturkundlichen Wanderwege und weitere Informationen sind erhältlich bei Blenio Turismo, Telefon +41 (0)91 872 14 87, info@blenioturismo.ch, www.blenio.com.
– An die beschriebene Rundwanderung kann eine zweite Rundwanderung «angehängt» werden: Passo dell'Uomo–Capanna Cadlimo–Lago Ritom–Capanna Cadagno mit Übernachtung in einer dieser Hütten. Das ergibt dann ein wunderschönes und nicht allzu strenges Zweitagesunternehmen.

linker Hand in die Höhe ragen. Es sind die Spitzen des Pizzo Colombe, eines der grössten und imposantesten Aufschlüsse des Sedimentgesteins, welches das kristalline Gotthardmassiv überzieht. Und tatsächlich: Schon bald nach den Taubenspitzen kleidet sich die Gesteinswelt in ein dunkles Grau. Scharfkantige Blöcke, die das sind, was man hier eigentlich erwartet und worauf die Erbauer des Gotthard-Basistunnels einige hundert Meter weiter unten hofften: Granit, echter Gotthardgranit.

Diesen Pizzo Colombe umrundet der Naturwanderweg, um wieder nach der Alpe Casaccia zurückzufinden. Eine schöne Rundwanderung, wie es sie im Gewirr der Naturlehrpfade viele zu entdecken und miteinander zu kombinieren gibt. Wir indes haben eine etwas grössere und abwechslungsreichere Runde im Visier. Wir steigen ab zum Piano dei Porci, um dann über den Passo dell'Uomo zum Lukmanierstausee zu gelangen. Wer angesichts der malerischen Pioraebene noch einen Tag anhängen will, kann zwei Rundwanderungen im Sinne einer Achterbahn kombinieren. Vom Passo dell'Uomo westwärts zur Cadlimohütte, dort übernachten und am nächsten Tag via Ritomsee und Cadagnohütte zurück zum Passo dell'Uomo. Vom Lukmanierpass ist es nicht mehr weit zum Ausgangspunkt. Dies umso mehr, als ein weiterer naturkundlicher Wanderweg, der «Giro Sorgente del Brenno», die Zeit im Flug zerrinnen lässt. (DC)

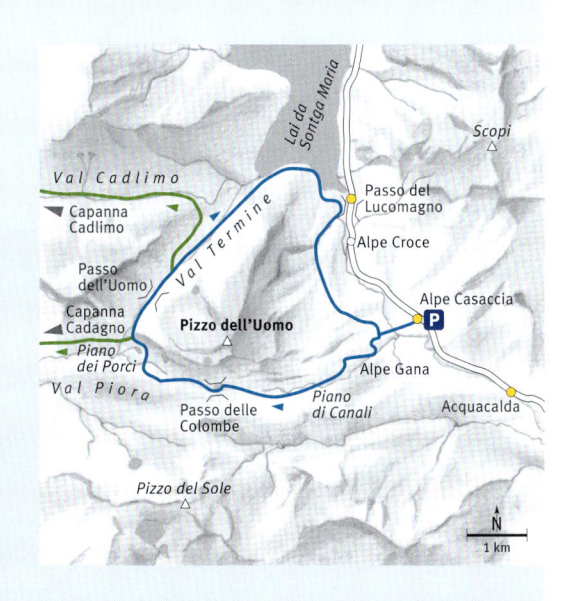

Ein magischer Ort: Passo delle Colombe, mit Seelein und Steinkreis.

■ Rund um den Nufenenstock

# Auf Schmugglers Pfaden

Wenn ich gefragt werde, woher ich meine Tourentipps nehme, kann ich sagen: Zu null Prozent von andern Büchern, zu vielleicht zwanzig Prozent von Bergfreundinnen und Bergfreunden und zu achtzig Prozent von der Karte 1:50 000. Wenn ich auch sonst kaum Bücher lese, Landeskarten kann ich stundenlang studieren: Wo gibt es ein günstiges Gelände, wo man eine Rundwanderung hineinkomponieren könnte? Vor allem, wenn man eine gleichmässige Verteilung der Touren über das ganze Land anstrebt, kann das zu einer herausfordernden Sache werden. Am spannendsten ist der Moment, wo ich die Route begehe und dann Bilanz ziehen kann: Hält die Route, was sie aufgrund der Karte versprochen hat? Meistens tut sie es, manchmal nicht, und dann gibt es Fälle, wo sie sämtliche Erwartungen übertrifft.

Solch ein Fall ist der Nufenenstock. Nun, von der Alpe di Cruina hinauf zur Capanno Corno-Gries, das sieht man schon auf der Karte, ist es sicher hübsch, mit einer schönen Sicht ins Bedrettotal. Und auch dem Tal entlang bis zum Passo del Corno ist es sicher okay. Aber dann hinunter zum Gries-Stausee? Von dort auf der Militärbetonpiste zur Nufenenpassstrasse und dann mit wenigen Hundert Metern Abstand zu dieser auf der Schattenseite zurück? Das kann doch nicht des Erfinders Ernst sein. Ist es aber. Denn das Val Corno ist nicht nur schön, es ist wunderschön – und interessant obendrein. Nicht nur landschaftlich, sondern auch geologisch. Oder sind diese verrosteten Knöpfe, die oben auf dem Passo del Corno aus dem Schiefergestein abstehen, bloss die Überreste von Münzen und Edelsteinen, die einem Schmuggler aus dem Sack gekullert sind? Könnte ja sein, denn zum Schmuggeln ist der Griespass wie geschaffen. Unbezahlbar, was da aus dem italienischen Pomatt (in dem man das «Pomattertitsch», einen alten Walliser Dialekt mit italienischen Versatzstücken, spricht) schon über die grüne Grenze geschafft wurde. Oft liess und lässt man die Schmuggler gewähren nach der Devise: Wer sich diese Mühsal nimmt und die Dinge hier hinüberbuckelt, darf auch etwas daran verdienen.

Aber auch wer nur das Persönliche im Rucksack mitführt, wird auf dem Passo del Corno belohnt: Mit dem Einblick in die Gletscherwelt zwischen Blinnenhorn und Ofenhorn, dessen Weiss kontrastiert mit dem Mitternachtsblau des Griessees, der hier fehlen würde, gäbe es ihn nicht – eine perfekte Symbiose natürlicher Anmut und menschlicher Kulturleistung. Was die Militärstrasse betrifft, da ist man gerade froh drum. Denn man wird so intensiv beschäftigt sein mit Betrachten und Einordnen der Landschaft, dass man froh ist, auf die eigenen Füsse nicht auch noch Acht geben zu müssen. Beim Nufenenwanderweg bestätigt sich, was auch andernorts – zum Beispiel im Rheintal oder im Domleschg – so eindrücklich ist: Wenn der Wanderweg nur hundert Meter von der Autobahn entfernt verläuft, kann das schon bedeuten, dass sich keinerlei Störung ergibt. Dies ist vor allem dann der Fall,

Eiseneinschlüsse in Tablettenform – das gibt es nur am Nufenenstock.

Langsam senkt sich der Weg hinunter zur Capanna Corno-Gries.

**Gebiet**
Nufenen

**Charakterisierung**
Eher kurze, äusserst abwechslungsreiche Rundtour in alpinem Ambiente. Bedingt biketauglich.

**Schwierigkeit**
Keine besondere. Teilweise etwas steinversetzte Wegstücke. T2–T3.

**Wanderzeit**
Alpe di Cruina–Capanna Corno-Gries–Passo del Corno–P. 2303 auf der Nufenenpassstrasse–Alpe di Cruina: 4–5 Std.
Nur bis zum Nufenenpass: 3–4 Std.
Alpe di Cruina–All'Acqua: 1 Std.

**Höhendiffferenz**
650 m im Auf- und Abstieg

**Ausgangspunkt**
All'Acqua (1614 m ü. M.)
Kleiner Weiler an der Nufenenpassstrasse. Ein Restaurant. Übernachtungsmöglichkeiten im Val Bedretto: Telefon +41 (0)91 869 15 33.
Mit öffentlichem Verkehr: SBB bis Airolo, dann Postauto Richtung Nufenenpass bis Alpe di Cruina. Achtung: Nur wenige Kurse auf den Nufenenpass!
Mit Pw: Von Airolo Nufenenpassstrasse bis All'Acqua.

**Wegbeschreibung**
Von der Alpe di Cruina (Postautohaltestelle) auf gut bezeichnetem Hüttenweg zur Capanna Corno-Gries. Weiter diesem Weg folgend ins Val Corno hinein bis zum Passo del Corno (oberen Weg, oberen Übergang benützen). Über P. 2498 bis zu Alphütte über dem Griessee. Entweder hinunter zum Staudamm oder auf Bergweg der Nufenenstock-Westflanke entlang haltend bis zur Militärstrasse. Auf dieser bis zur Nufenenpassstrasse (Postautohaltestelle, hier kann die Tour auch abgebrochen werden). Dann auf dem Wanderweg über den Nufenenpass (weitere Ausstiegsmöglichkeit) und auf der Ostseite wieder hinunter bis zur Alpe di Cruina.

**Unterkunft/Verpflegung unterwegs**
Capanna Corno-Gries (2338 m ü. M.)
SAC-Hütte auf einem Adlerhorst über dem Bedrettotal mit 72 Schlafplätzen, bewartet von Juli bis September. Telefon +41 (0)91 869 11 29, weitere Infos über www.casbellinzona.ch.

**Karten**
Landeskarte 1:25 000, 1251 Val Bedretto
Landeskarte 1:50 000, 265 Nufenenpass

**Varianten**
Keine.

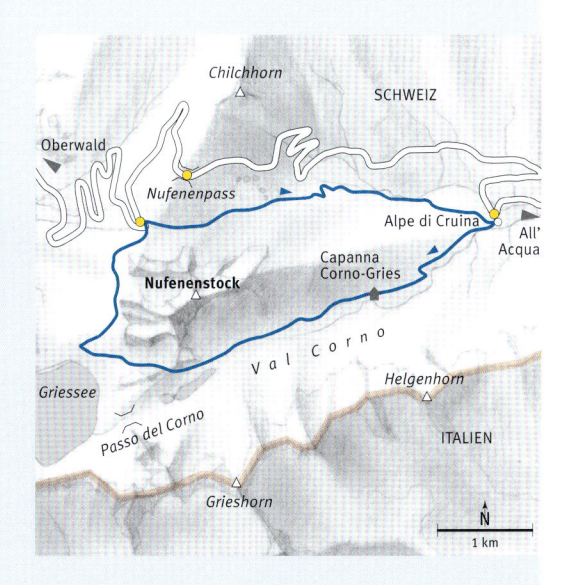

Der Lago Corno-Gries fügt sich harmonisch in die Landschaft ein ...

... obwohl er künstlich angelegt ist.

wenn der Wanderweg leicht unterhalb der Strasse angelegt ist. So merken wir beim Wanderweg über den Nufenenpass bis zum Pass selbst nichts von der Strasse, und wenn oben nicht geschrieben stünde, dass der Pass noch fünf Minuten entfernt ist, man würde es nicht realisieren. Erst auf dem letzten Stück hinunter zur Alpe di Cruina kann der Motorenlärm etwas von der Nordflanke des Nufenenstocks zurückhallen. Wen das stört, kann für dieses letzte Stück auf dem Pass das Postauto nehmen. (DC)

## Rundwanderung zum Pizzo d'Eus

# Wo Gott hockt

Schon nach Lavertezzo beginnen wie überall im Tessin die Granittreppen und die Bildstöckchen. Sie zeigen hundertfach den Leidensweg Christi, spenden Trost mit der Muttergottes und werden von den Menschen des Ortes mit frischen Blumen bedacht. Wer vom Norden kommt, keucht daran vorbei, sagt: «Oh mein Gott», und meint die Steilheit der Treppen, die Hitze und die Feuchtigkeit, die sich schon bald vom Rücken herkommend ausdehnt auf Stirne, Bauch und Beine.

Der Weg von Lavertezzo im Val Verzasca hinein ins Val Carecchio ist Tessin, tiefstes Tessin. Wild, unwegsam, steil. Zuerst sind es nur die Flanken, in die sich der Fluss tief eingefressen hat. Dann, ab der Alpe Rodana, ist es auch der Weg. Steil, verdammt steil. Aalglatt laufen Plattenschüsse in überhängende Felsriegel aus, und an gewissen Stellen sind Stufen in den Fels gehauen, um der Aufstiegsroute noch den Anschein eines Bergweges zu geben. 1300 Höhenmeter sind es von Lavertezzo bis zum Piz d'Eus. Das ist unterer Durchschnitt im Tessin. Aber trotzdem anstrengend.

Umso unglaublicher, was uns oben erwartet. Ein ausladendes Plateau mit neun Berghütten drauf. Die totale Idylle zwischen zwei Abgründen. Aus der einen Hütte kommt ein Älpler auf uns zu, wechselt ein paar Worte, führt uns ins Innere des Steingebäudes, in dem er haust. Es ist der ehemalige Gemeindepräsident von Lavertezzo. Er weiss, wo es sich am besten ausruhen lässt von einem solchen Amt. Schafe schmiegen sich an die schmalen Schattenstreifen entlang der Hüttenmauern, Schwalben üben sich im Tiefflug. Da hockt nicht nur der Gemeindepräsident von Lavertezzo, denke ich, da muss auch Gott hocken. Murmelnd entschuldige ich mich für die Flüche im Aufstieg. Die nötige

Auf den letzten Metern vor der Alpe d'Eus. Im Hintergrund der Pizzo d'Eus.

**Gebiet**
Verzascatal

**Charakterisierung**
Alpine Rundwanderung im wilden Nordtessin. Die Mühe ist gross, aber sie lohnt sich!

**Schwierigkeit**
Wanderwege oft schlecht und steil. T3.

**Wanderzeit**
Lavertezzo–Alpe Rodana–Pizzo d'Eus–Val Carecchio–Lavertezzo: 6–7 Std.

**Höhendifferenz**
1300 m im Auf- und Abstieg

**Ausgangspunkt**
Lavertezzo (536 m ü. M.)
Touristenattraktion im Verzascatal mit der berühmten Steinbrücke über den Fluss. Infos: www.verzasca.ch.
Mit öffentlichem Verkehr: SBB von Bellinzona bis Tenero, dann Postauto bis Lavertezzo.
Mit Pw: Autobahn bis Ausfahrt Bellinzona Süd, dann Autostrasse bis Tenero, im Dorf abbiegen in Richtung Verzascatal.

**Wegbeschreibung**
Von Lavertezzo auf der rechten Seite des in die Verzasca einmündenden Flusses taleinwärts Richtung Rodana (Abzweigung nach Überquerung des Seitenflusses). Bei P. 861 auf der Karte 1:50 000 zweigt der Weg links zur Alpe Rodana ab. Von der Alpe Rodana ständig steil

Im Aufstieg zur Alpe d'Eus ist man froh um jeden Tritt.

Madonna mia – die Wanderung zur Alpe d'Eus weckt Gottesfurcht.

aufwärts bis zur Alpe d'Eus (1728 m ü. M.) und von dort in wenigen Minuten zum Pizzo d'Eus. Im Abstieg via die Hütten von Arossa durch eine lange Steilflanke hinunter in den Talgrund des Val Carecchio. Dem Fluss entlang Wanderweg talauswärts bis Rodana und Lavertezzo.

**Karten**
Landeskarte 1:25 000, 1293 Osogna
Landeskarte 1:50 000, 276 Verzasca

**Varianten**
Keine.

Demut, um einem solchen Ort zu begegnen, stellt sich von alleine ein. Trotzdem: Ich bin nicht unglücklich, nicht denselben Weg wieder absteigen zu müssen. Denn da gibt es eine andere Route, die sanfter absteigend ins Val Carecchio hineinführt. Jetzt nur kein Gewitter, sonst werden die Rinnsale, die zwischen den Felsstürzen über und unter uns herunterrieseln, urplötzlich lebendig und verwandeln die Traverse in eine Rutschbahn mit Wasserspülung, wie sie in grossen Bäderparks anzutreffen sind. Die Strecke, die man nun aber ins Tal hineingeraten ist, muss man auch wieder zurück. Das ist aber diesmal kein Zwang, sondern reine Freude. Denn der Fluss ist nichts anderes als eine Klein-Verzasca, die wie die grosse Schwester glatt geschliffene Granitrundhöcker umspielt, glasklare Bassins ausgehoben und eine Bäderlandschaft kreiert hat, wie das eben nur die Natur kann. Da muss man rein, Badehose hin oder her, muss das perlende Nass am verschwitzten Körper spüren, den kalten Schauer empfinden und die Wärme der vorgeheizten Steinliegen. Leichten Schrittes wandle ich hinunter nach Lavertezzo, jedem Bildstöckchen meine Reverenz erweisend und beglückt, dem Göttlichen in der Natur so nahe gewesen zu sein. (DC)

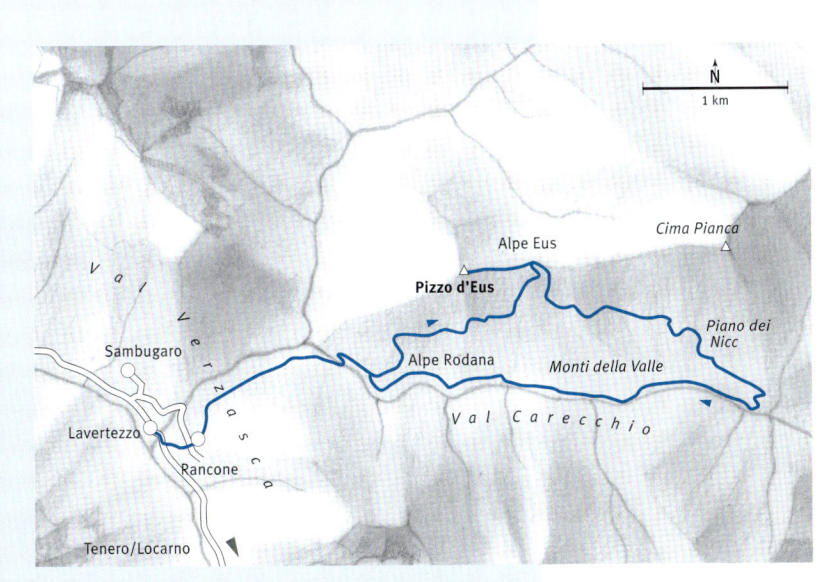

■ Rund um den Gazzirola

# Grenzgang

Den Ausgangspunkt zu dieser Grenzwanderung erreicht man mit dem Postauto oder Pw nach einer Fahrt durch die zehn sehenswerten Dörfer am Südhang des Val Colla. Die Wanderung beginnt bei der Ortschaft Colla, die dem schönen Tal den Namen verliehen hat. Abwechslungsreich führt der Weg steil aufwärts zum Weiler Barchi, der fast so gross ist wie das Dorf Colla. Über eine Krete steigt man, am besten bei frischer Brise, hinauf bis zu einer Wegkreuzung. Links liegt in einiger Distanz als erste «Tankstelle» die Alpe Pietrarossa, deren feuerrotes Dach weitherum sichtbar ist. Wer die Alp nicht besuchen möchte, kann auch direkt, dem Wanderweg weiter folgend, die hundert Höhenmeter auf den Verbindungsgrat zwischen Monte Bar und Gazzirola aufsteigen.

Wenn es bisher keinen Wind gab, so setzt er jetzt in aller Regel ein und beschert uns eine grandiose Aussicht von der Poebene über Lugano und die Berge des Malcantone bis zu den Walliser Viertausendern. Die Sicht kann man ausgiebig geniessen, da man sich beim guten Weg nicht so stark auf die Füsse konzentrieren muss. Die schonungslose Abholzung der Wälder in 19. Jahrhundert beschert uns die totale Rundsicht auf diesem Grat. Immer mehr nähert man sich dem Gazzirola, den man schon seit dem Losmarschieren im Blickfeld hatte. Die Gipfelflanke verengt sich stetig, und schliesslich zieren ein Steinmann, ein Grenzstein und ein Wegweiser den Grenzgipfel, auf dem man den Kopf auf italienischem und die Füsse auf Schweizer Boden bräunen kann.

Der weitere Verlauf der Wanderung ist ein Grenzgang. Auf der italienischen Seite liegt eine Alphütte beim Gipfel verlassen und eingestürzt da. Die einst florierende Alpwirtschaft ist den Schafen, die weder der Schweizer noch der italienischen Seite zuzuordnen sind, gewichen. Begleitet von den Wolltieren, kommt man zum südlichen, namenlosen

Beschaulich zieht sich der Grat vom Gazzirola südwärts.

Die Farben der Wanderwegbezeichnung zeigen es unzweideutig an: Wir befinden uns im Kanton Tessin.

### Gebiet
Tessin/Sottoceneri

### Charakterisierung
Eine faszinierende Grenzwanderung zwischen der Schweiz und Italien mit einer unvergleichlichen Rundsicht.

### Schwierigkeit
Gut begehbare Wanderwege. Teilweise recht steil. T2–T3. Punkto Länge ein gefülltes Tagewerk.

### Wanderzeit
Colla–Barchi–Alpe Pietrarossa–Gazzirola–S. Lucio–Bogno–Cozzo–Colla: 7–8 Std.

### Höhendifferenz
Aufstieg und Abstieg: 1200 m
Bei Abbruch der Tour in Bogno: 1100 m

### Ausgangspunkt
Colla (1050 m ü. M.)
Kleines Dorf am Ende des Val Colla mit der längsten Sonnenscheindauer im Tessiner Winter. Ein Restaurant.
Mit öffentlichem Verkehr: SBB bis Lugano, dann Postauto über Tesserete nach Colla (in Tesserete umsteigen).
Mit Pw: Autobahn Bellinzona–Lugano bis Ausfahrt Monte Ceneri. Dann über Rivera–Taverne–Tesserete hinein ins Val Colla. Wenige Parkmöglichkeiten in Colla.

### Wegbeschreibung
Von Colla P. 1054 auf steilem Weg nach Barchi und über einen Bergrücken bis zur Alpe Pietrarossa P. 1549. Auf schmaler werdendem Grat zum Gazzirola (2116 m ü. M.). Abstieg auf der Landesgrenze und einem teilweise stark ausgespülten Weg zur Capanna S. Lucio. Von hier unbedingt über Alpe Cottino und nicht auf dem Radweg nach Bogno. Von Bogno auf der Strasse nach Cozzo und Colla.

### Unterkunft/Verpflegung unterwegs
Capanna San Lucio (1541 m ü. M.), 22 Schlafplätze, Tessiner Küche. Ganze Saison bewartet, Telefon
+41 (0)91 944 18 29.

Die Capanna San Lucio erfreut sich der Gesellschaft einer schmucken Bergkirche und eines hübschen kleinen Sees.

**Karten**
Landeskarte: 1:25 000: 1333 Tesserete, 1334 Porlezza
Landeskarte 1:50 000: 286 Malcantone, 287 Menaggio

Eckpfeiler des Berges, wo ein riesiges Kreuz steht. Dann wird der Bergrücken immer breiter und zu einer ausladend grossen Alp, die von tiefen Wegfurchen durchzogen ist. Die alte italienische Fahrstrasse wurde durch heftige Regenfälle stark ausgewaschen und ist völlig erodiert. Von hier sieht man bereits das Ziel für die verdiente Rast, die Alpe Cottino, die man nach einer weiteren Dreiviertelstunde erreicht. Auffallend markiert das Ensemble von ehemaliger Kaserne der Zollbehörde und heutigem Rifugio, historischer Kirche und Schweizer Capanna San Lucio den Übergang des alten Schmugglerpfades. In der Capanna San Lucio lassen sich Hunger und Durst auf Tessiner Art stillen, und wenn es schon zu spät ist für den Abstieg, bietet sich hier das ganze Jahr eine Übernachtungsmöglichkeit.

Der Abstieg in der Abendsonne führt uns Richtung Signora zur Agrotouristen-Alp Cottino, wo man richtige Alpferien verbringen und einiges über einheimisches Schaffen lernen kann. Auf keinen Fall der Radwegroute Richtung Bogno folgen, da dieser Weg mehr als doppelt so lang ist. Der abwechslungsreiche Abstieg, durch Tannen und Mischwald vor der sengenden Sonne geschützt, führt mehrmals über kleine Bäche und vorbei an einigen Rustici. In Bogno quert man die Strasse, um über eine lange Treppe zur Postautohaltestelle am Dorfplatz zu gelangen, oder man wandert auf der Strasse via Cozzo nach Colla. Als Abschluss der Tour empfiehlt sich dort ein Besuch im Ristorante Cacciatori, dem Jägerstübli, unterhalb der Strasse, von wo sich der Sonnenuntergang wunderbar geniessen lässt. (GG)

### Rundwanderung am Monte Generoso

# Im Land der Nevère

Der Monte Generoso ist mehr als eine bekannte Zahnradbahn mit angehängtem Gipfel. Er ist auch mehr als die Rigi des Tessins, auch wenn er mit einem ähnlichen Rundpanorama aufwarten kann. Denn hier erscheinen statt des Vierwaldstätter- und des Zugersees die drei Seen Lago Maggiore, Lago di Lugano und Lago di Como im Morgendunst, und dahinter erstreckt sich die Sicht bis nach Mailand, Turin und zum Rheinwaldhorn. Schliesslich ist der Monte Generoso auch mehr als der Panoramawanderweg, der sich dem Trassee der Zahnradbahn entlang hinunterzieht – vom leistungsstarken Restaurationsbetrieb unterhalb des Gipfels über das historische Ristorante Bellavista auf halbem Weg hinunter bis zu den putzigen Tessiner Dörfern Somazzo oder Salorino oberhalb von Mendrisio.

Der Monte Generoso bildet zusätzlich zu alledem den Abschluss eines Tales, das einen eigenen Charakter und eine eigene Kultur bewahrt hat – das Valle di Muggio. Und wer dieses Valle di Muggio erkunden will, ohne auf den Gipfel des Generoso zu verzichten, macht sich von der Mittelstation Bellavista auf den Weg der «Rundwanderung Nummer 3», wie sie auf einer der übersichtlichen Schautafeln bei der Bahnstation beschrieben ist. Und diese führt, vorbei an der Alpe Muggiasca, zuerst einmal hinunter, dann auf laubübersäten Wegen durch zwei waldbestandene Tobel und schliesslich wieder hinauf zum Weiler Roncapiano. Dieser klebt auf dem Fortsatz eines wenig ausgeprägten

**Gebiet**
Mendrisiotto

**Charakterisierung**
Technisch einfache, aber konditionell nicht ganz anspruchslose Tageswanderung mit viel Abwechslung.

**Schwierigkeit**
Da und dort vielleicht etwas steil oder glitschig, aber stets gut bezeichnet. T2–T3.

**Wanderzeit**
Bellavista–Alpe Muggiasca–Roncapiano–Monte Generoso–Bellavista: 5 Std.
Wenn man vom Monte Generoso die Bahn nimmt, reduziert sich die Wanderzeit um 1½ Std.

**Höhendifferenz**
Insgesamt 850 m im Auf- und Abstieg (ohne Bahnbenützung)

**Ausgangspunkt**
Bellavista (1200 m ü. M.)
Mittelstation der Zahnradbahn auf den Monte Generoso. Zwei Gastbetriebe auf Bellavista, einer etwas abgesetzt (La Balduana, www.baldovana.ch) und ein grosser unterhalb des Generosogipfels (Hotel Vetta, Telefon +41 [0]91 648 11 07). Weitere Infos: www.montegeneroso.ch oder www.mendrisiotourism.ch.
Mit öffentlichem Verkehr: SBB bis Lugano und weiter nach Capolago-Riva S. Vitale, von dort Monte-Generoso-Bahn bis Bellavista.
Mit Pw: Autobahn Lugano–Chiasso bis Ausfahrt Mendrisio. Dann den Hinweisschildern «Bellavista» entlang aus dem Dorf hinaus und auf einer langen, kurvenreichen und

Die Eisenhüte über den Triangulationspunkten haben keine Funktion mehr. An gewissen Orten – wir hier auf dem Monte Generoso – bleiben sie aber als Zeugen früherer Vermessungstechnik stehen.

Ist das nun ein Weidezaun – oder doch eine Steinreihe?

teilweise engen Bergstrasse durch einige Dörfchen hindurch nach Bellavista (Parkplätze). Anreise mit der Bahn empfohlen.

### Wegbeschreibung
Vom Parkplatz Bellavista zuerst auf Fahrstrasse Richtung Balduana, dann schon bald nordwärts hinunter (Wegweiser) zur Alpe Muggiasca. Dann zwei Tobel durchquerend auf schmalem Weg hinauf zum Weiler Roncapiano. Sodann auf dem Rücken, der zum Ostgrat des Monte Generoso hinaufführt, an einer Schafalp (mit einem «nevère») vorbei zum besagten Ostgrat und auf diesem zum Gipfel des Monte Generoso (1710 m ü. M.). Abstieg auf gut ausgebautem Panoramaweg entlang dem Trassee der Monte Generoso-Bahn nach Bellavista.

### Unterkunft/Verpflegung unterwegs
Einkaufsmöglichkeit in Roncapiano.

### Karten
Landeskarte 1:25 000, 1373 Mendrisio, 1353 Lugano
Landeskarte 1:50 000, 286 Malcantone, 296 Chiasso

### Varianten
Das Gebiet des Monte Generoso bietet eine Vielzahl von Wanderrouten, die alle bei der Bahnstation Bellavista auf einer übersichtlichen Tafel dargestellt sind.

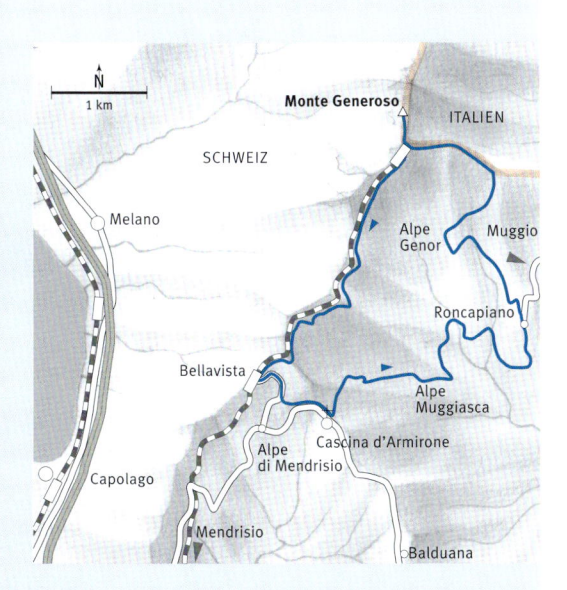

Nicht nur der Monte Generoso, sondern auch die Weiler an den Hängen des Mendrisiotto sind einen Ausflug wert.

Rückens, der in den Ostgrat des Generoso einmündet. Nahtlos fügt sich in diesem Dörfchen eine gotische Kapellenfassade an eine rot gestrichene Häuserwand, und ein Glassammelcontainer markiert unmissverständlich das Ende der Fahrstrasse.

Die Neugierde geweckt hat aber bei den Schautafeln am Rande des Parkplatzes unterhalb von Bellavista eine ganz besondere Einrichtung im Valle di Muggio: die Nevère. Eine solche findet sich auf halbem Weg zwischen Roncapiano und dem Gipfel auf der Höhe der Alpe Genor. Ein Rundbau aus Stein, tief in den Boden eingelassen und mit einem konisch verlaufenden Dach. Wie der Name vermuten lässt, wurde dieses massive Steinsilo bis zur Tür mit Schnee gefüllt, der bis weit in den Sommer hinein erhalten blieb – lang genug, um die frische Milch kühl zu stellen, bevor sie zu Käse, Rahm oder Butter weiterverarbeitet wurde. Gegen siebzig solcher Nevère werden im Valle di Muggio gezählt, so viele wie sonst nirgends. Nur – der Lauf der Zeit ist auch an dieser Alp nicht spurlos vorübergegangen. Jetzt sind es Schafe, die in den Ruinen der einst stolzen Alpgebäude den Schatten suchen. Denn schon um die Mittagszeit brennt hier die Sonne erbarmungslos auf das dürre Gras. Grund genug also, für diese Rundwanderung möglichst beizeiten aufzubrechen.

Nur oben auf dem Grat mag ein lindes Lüftchen wehen, das einen zusammen mit der immer umfassender werdenden Rundsicht auf den Gipfel geleitet. Und unweit der Bergstation wird man Gleitschirmpiloten beobachten, die ihre Matratzen mit den tausend Fäden sorgfältig auslegen, mit einem gefühlvollen Ruck aufblähen und dann hinwegschweben wie bunte Bergdohlen. (DC)

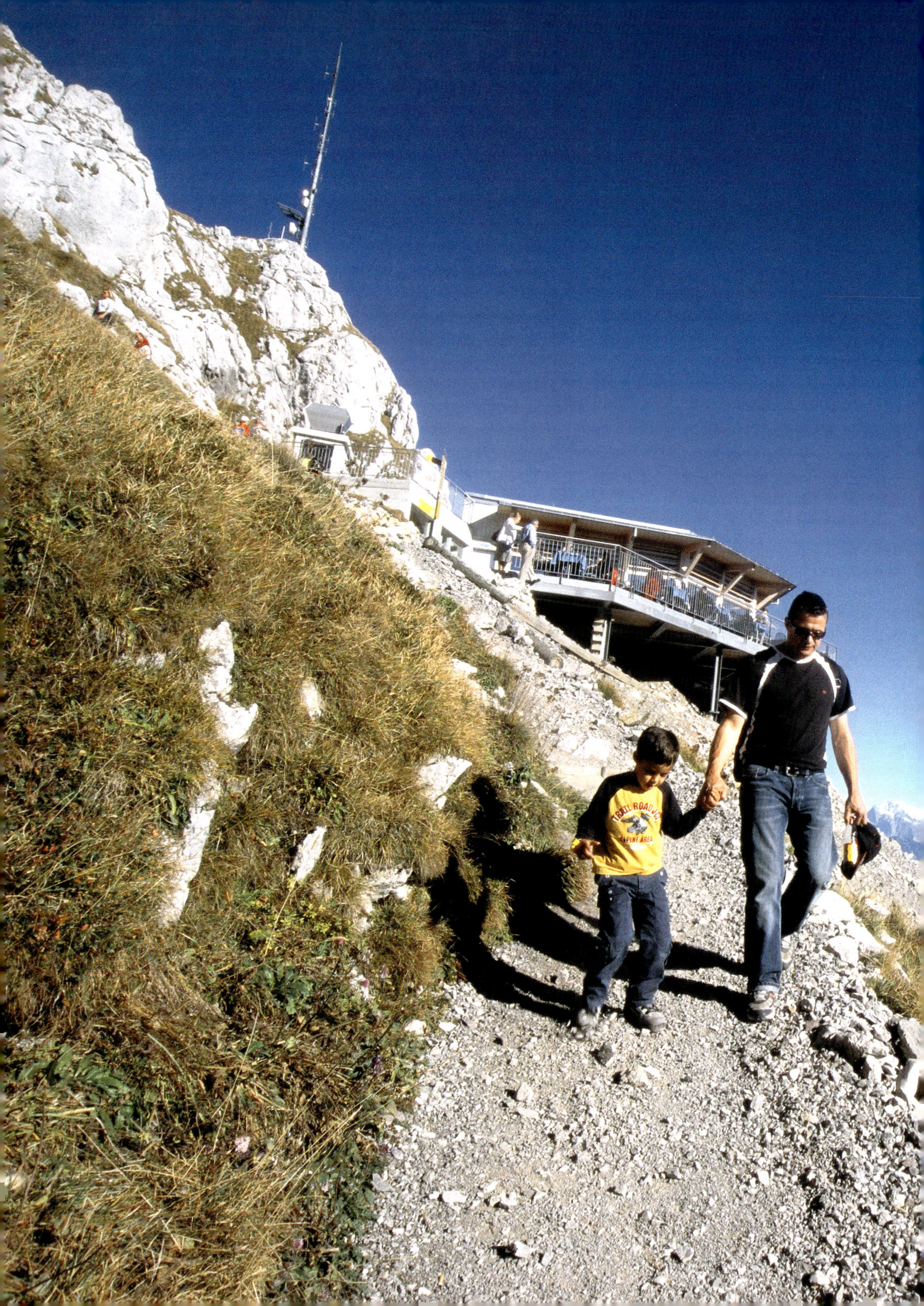

# Berner Oberland, Westschweiz

Im Abstieg vom Stockhorn.

## ■ Rundwanderung Sigriswiler Rothorn

# Wer hat aus dem Brünnlein getrunken?

Das Justistal ist nicht zu beneiden. Schmal wie ein Schlauch zieht es sich vom Thunersee gegen Nordosten in die Länge, eingeklemmt zwischen zwei Kalkgraten, die während der Alpenfaltung wie zu Stein gewordene Wellen am Aarmassiv aufgebrandet sind. Rechts zieht sich der sanfte Güggisgrat vom Niederhorn zum Gemmenalphorn. Eine wunderschöne, einfache, aber an schönen Wochenenden auch übervölkerte Gratwanderung mit direktem Blick zu Eigermönchundsoweiter, garniert mit Steinböcken, die beinahe handzahm für alle Fotografinnen und Fotografen Modell stehen. Bedeutend ruhiger geht es hingegen linker Hand am Sigriswilgrat zu und her. Von Zeit zu Zeit hört man in den steilen Flanken, die ins Justistal abstürzen, ein leises Knirschen und Poltern. Man schaut genau hin und wird vielleicht Zeuge des übermütigen Spiels zweier junger Steinböcke am Rand des Abgrunds.

Die Wanderer, die auf diesem oberen Bandweg unterwegs sind, sind meist schon beizeiten bei der Sagi oberhalb von Schwanden gestartet, haben sich auf sanft ansteigenden Wegen dem Sigriswilgrat angenähert und sich dann in einigen steilen Kehren gegen die Krete aufgeschwungen. Mitten in der Steilpassage ist ihnen aber nicht entgangen, dass da rechts ein Loch ist mit einem improvisierten Zugang, gerade gross genug, dass ein Mensch aufrecht darin verschwinden kann:

**Gebiet**
Berner Voralpen

**Charakterisierung**
Eine Wundertüte für den erfahrenen Bergwanderer.

**Schwierigkeit**
Die heikelsten Stellen liegen zwischen T3 und T4, je nach den Verhältnissen. Schwindelfreiheit unerlässlich, denn der obere Bandweg ist etwas exponiert und steinschlaggefährdet. Bei Nässe und Schnee ist diese Tour nicht zu empfehlen. Die Begehung des Schaflochs geschieht auf eigene Verantwortung.

**Wanderzeit**
Sagi–Oberi Matte–Zettenalp–Schafloch–Mittaghorn–Sigriswilgrat–Oberi Matte–Sagi: 7 Std.
Mit dem Auto Zufahrt bis Zettenalp möglich. Zeitersparnis: rund 2½ Std.

**Höhendifferenz**
Insgesamt rund 1000 m

**Ausgangspunkt**
Sagi ob Sigriswil (1077 m ü.M.)
Postauto-Endstation und Ausgangspunkt für beliebte Wanderungen und Bergtouren hoch über dem Thunersee.
STR Tourismus, Telefon +41 (0)33 251 16 64.
Mit öffentlichem Verkehr: SBB bis Thun, dann Postauto bis Schwanden (Sigriswil) Säge. Von Interlaken Postauto bis Gunten, dort umsteigen nach Sigriswil.
Mit Pw: Von Thun oder Interlaken dem nördlichen Thunerseeufer entlang nach Sigriswil. Von Sigriswil Dorf weiter nach Schwanden/Sagi.

Nur nicht hinaufschauen: Der obere Bandweg ist nichts für schwache Nerven.

## Wegbeschreibung

Von Sagi über Stampf und Oberi Matte zur Zettenalp. Von dort steil bergan zum Pass zwischen dem Sigriswiler Rothorn und dem Mittaghorn (P. 1921). Auf halbem Weg zur Krete rechts zum Schafloch. Durch das Schafloch hindurch auf die Ostseite des Sigriswilgrats. Von dort den oberen Bandweg nehmend nach Nordosten bis zum Grat zwischen Mittaghorn und Hinter Schafläger (P. 1856). Auf dem Grat zurück bis zur Wegverzweigung unterhalb des Sigriswiler Rothorns, dann steil hinunter wieder zur Zettenalp.

## Verpflegung unterwegs
Keine.

## Karten
Landeskarte 1:25 000, 1208 Beatenberg
Landeskarte 1:50 000, 254 Interlaken

## Variante
Als einfachere Alternative bietet sich die Rundwanderung Sagi–Endorfallmi–Underbergli–Oberbergli–Schafloch–Zettenalp–Sagi an, T3. Auch mit Besteigung des Sigriswiler Rothorns (2050 m ü. M.) und Überschreitung von P. 2033 möglich, T4: 6–7 Std.

Der Grat zwischen dem Sigriswiler Rothorn und dem Schafläger ist die letzte Felsbarriere vor dem westlichen Mittelland.

Der Regen zerfrisst den Kalk und formt ihn zu einem scharfkantigen Schrattenfeld.

das Schafloch. Und da sie sich von diesem Buch leiten lassen, haben sie es auch nicht versäumt, eine Stirnlampe mitzunehmen. Denn eine solche braucht man jetzt und etwas Mut, um immer tiefer in das Loch einzudringen, das sich als Festungsstollen entpuppt und uns in zwanzig Minuten und auf eigene Verantwortung auf die andere Seite des Grates bringt. Plötzlich wird es wieder hell, und man tritt hinaus in eine steile Grasflanke hoch über dem Justistal. Und da, zwischen den abschüssigen Grasflanken und den Felsenflühen, soll ein Weg durchgehen? In der Tat, und zwar gefahrloser und bequemer, als es von weitem aussieht. Kaum sichtbar verläuft der sogenannte obere Bandweg in der Südostflanke des Mittaghorns an der Naht zwischen der Felsenfluh und einem kleinen Schuttband. Und doch – plötzlich stolpert man dort beinahe über ein winziges Brünnlein. Es wird gespeist von Wasser, das direkt aus dem Fels austritt. Der Platz ist zwar beschränkt, trotzdem setzt man sich hier unweigerlich hin und staunt über die Kraft, mit der die fein geschichteten Gesteinspakete hierher geschoben und deponiert werden konnten.

Dort, wo der Bandweg sich aus der Bergflanke verabschiedet und beim Punkt 1856 hinaufführt zum Grat, heisst es umkehren, aber diesmal auf dem Grat. Nun, nach dem Dunkel des Schafloches und der Engnis zwischen Fels und Fluh scheint die Freiheit weit und grenzenlos zu sein wie die Aussicht von Gösgen bis Grindelwald. So findet man zurück zum Punkt, wo der Wegweiser unmissverständlich in die Tiefe deutet, hinunter, am Eingang des Schaflochs vorbei zur Zettenalp und zur Sagi, wo die Erinnerung wartet an eine Tour voller Spannung und Überraschungen. (DC)

## Rundwanderung am Stockhorn

# Erlebniswelt aus Kalk

Das Stockhorn im Simmental ist mehr als ein Berg mit einer Luftseilbahn. Das Stockhorn ist eine Welt für sich – bereit, um zu Fuss entdeckt zu werden. Eine Welt, die auf der Chrindi beginnt. Das ist die Mittelstation der Seilbahn, die sich von Erlenbach im unteren Simmental über 1450 Höhenmeter hinaufzieht zum Stockhorngipfel. Zugleich ist die Chrindi Ausgangspunkt eines kleinen Wanderparadieses zwischen zwei malerischen Seelein, die in eine breite Geländeterrasse eingebettet liegen. Sie heissen Hinterstockensee und Oberstockensee, und dass sie da liegen, ist an sich erstaunlich genug. Denn das Stockhorn ist ein Kalkgebirge. Und Kalk hat bekanntlich die Eigenschaft, löchrig zu sein wie ein Emmentalerkäse. So löchrig, dass sich in den Höhlen des Stockhorns sogar Höhlenbärenjäger niederliessen. So steht es auf einer der 16 Schrifttafeln zu lesen, die am Rande des zweieinhalbstündigen Erlebnispfades rund um die zwei Seen angebracht sind. In der 72-seitigen Begleitbroschüre werden zudem die genauen Hintergründe über die Berner Wappentiere am Stockhorn nachgeliefert und es wird erklärt, warum sich mitten in diesem wasserdurchlässigen Gesteinspaket die beiden Seen bilden konnten: Eine «Wechsellagerung von Tonen» sei dafür verantwortlich, kann man nachlesen. Diese Tone können zwar den Wasserpegel stabil halten, aber nicht verhindern, dass das zugeführte Wasser laufend versickert. Entsprechend sucht man bei den beiden Stockhornseen vergeblich nach einem oberirdischen Abfluss.

Aber auch wenn es nicht Wissensneugierde ist, die einen zum Stockhorn treibt – hier wird man nicht enttäuscht. Die Höhenlage und der lichte Waldbestand erfrischen auch an heissen Sommertagen, Bratwurstduft liegt ebenso in der Luft wie an geschützten Stellen das betörende Alpenorchideenparfüm des Männertreus. Wer zudem Glück

Ein Panorama für alle: Gipfelrestaurant auf dem Stockhorn.

**Gebiet**
Gantrisch

**Charakterisierung**
Lockerer, lehr- und erlebnisreicher Streifzug für die ganze Familie.

**Schwierigkeit**
Keine. Ausser man steigt über den Westgrat (Strüssligrat) zum Gipfel auf und auf der Ostseite wieder hinunter (grosse Runde), T3, Bergschuhe nötig.

**Wanderzeit**
Kleine Rundwanderung: 2 Std.
Grosse Rundwanderung über den West- und Ostgrat: 4–5 Std.

**Höhendifferenz**
Kleine Rundwanderung: 200 m
Grosse Rundwanderung: 600 m

**Ausgangspunkt**
Erlenbach im Simmental (707 m ü. M.)
Malerisches Strassendorf mit einigen Hotels und Restaurants. Am Stockhorn selbst Restaurant und Touristenlager Stockhorn, Telefon +41 (0)33 681 21 81, oder Berggasthaus Oberstockenalp (Matratzenlager für 30 Personen), Telefon +41 (0)33 681 14 88 oder +41 (0)33 681 11 69. Weitere Infos: www.stockhorn.ch oder info@stockhorn.ch.
Mit öffentlichem Verkehr: SBB/BLS von Bern bis Spiez, dann weiter Richtung Zweisimmen bis Erlenbach.
Von dort Stockhorn-Luftseilbahn bis Mittelstation Chrindi (1637 m ü. M.).
Mit Pw: Autobahn von Bern oder Interlaken bis Spiez–Wimmis, dann Richtung Zweisimmen bis Erlenbach. Parkplätze bei der Talstation der Stockhornbahn.

**Wegbeschreibung**
Kleine Runde: Von Chrindi am Hinterstockensee vorbei dem Erlebnispfad entlang zum Oberstockensee und südlich des Cheibenhorns wieder zurück zur Chrindi.
Grosse Runde: Beim Oberstockensee weiter zum Westgrat des Stockhorns (Strüssligrat), auf diesem direkt zum Gipfel (2190 m ü. M., schmaler, teilweise ausgesetzter Bergweg). Vom Gipfel hinunter zu P. 1998, dann östlich an den Fuss des Solhorns und von dort via Oberbärgli zurück zur Chrindi (markierte Bergwege).

**Verpflegung unterwegs**
Restaurant Chrindi, Telefon +41 (0)33 681 15 57.
Berggasthaus Oberstockenalp, siehe oben, «Ausgangspunkt».
Panoramarestaurant Stockhorn: Täglich Stockhornzmorge (inkl. Berg- und Talfahrt mit Halbtax-Abo.) und unregelmässig auch Stockhorn-Dinners (inkl. Spezial-Talfahrt), www.stockhorn.ch oder Telefon +41 (0)33 681 14 81.
Die Gipfelgalerie auf dem Stockhorn führt nach etwa 70 Metern in ein Grotto mit zwei Aussichtsfenstern, den

Die Seele baumeln lassen beim Oberstockensee.

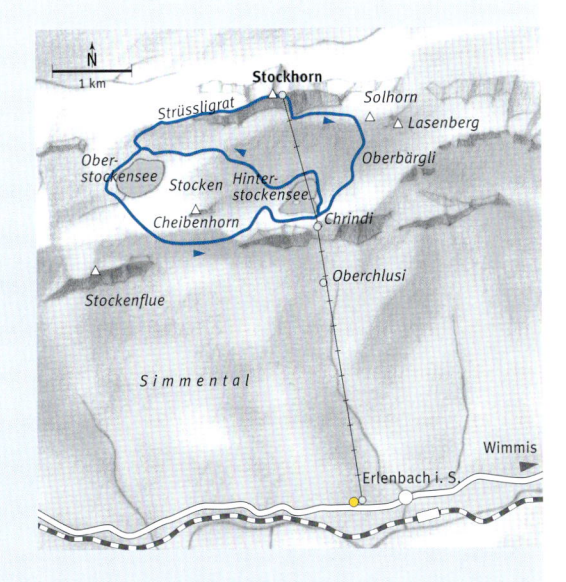

Das Stockhorn von Westen …

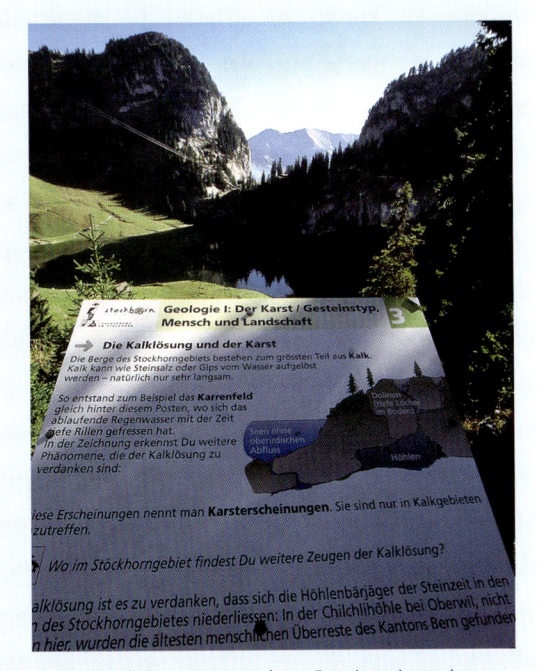

Ein Geoweg lädt zum Lesen und zum Experimentieren ein.

… und von Osten gesehen.

«Stockhorn-Augen», mit einem schwindelerregenden Tiefblick zum Thunersee.

**Karten**
Landeskarte 1:25 000, 1227 Niesen, 1207 Thun
Landeskarte 1:50 000, 253 Gantrisch

hat, kann sogar einen Bartgeier oder gar einen Steinadler in den Höhen kreisen sehen. Ansonsten sind aber doch vor allem die bunt gewandeten zweibeinigen Wesen zu beobachten, die meist in kleinen Gruppen zielgerichtet auf festgetretenen Pfaden diese ganz eigene Stockhornwelt durchstreifen oder sich mit Vorliebe vor dem Berggasthaus Oberstockenalp ein Dessert mit Alprahm genehmigen. Oder dann lagern sie an einem sonnigen Plätzchen beim Oberstockensee und blinzeln gedankenverloren in die Sonne, die sich auf der Wasserfläche spiegelt. Erst wenn die Sonne sich dem Horizont zuneigt, werden sie zurückschlendern zur Chrindi und sich mit der Stockhornbahn hinauftragen lassen zum Gipfel. Es sei denn, sie fassen sich ein Herz und nehmen den steilen, aber lohnenden Aufstieg über den Westgrat, den sogenannten Strüssligrat, unter die gut besohlten Bergschuhe. Der Weg ist zwar nicht sehr gut, aber die Fernblicke hinüber ins Gantrischgebiet und – immer mehr – in die Hochalpen lassen einen die Mühe vergessen. Auf dem Gipfel dann, im klaren Abendlicht, zeigt sich alles, was in den Berner Alpen Rang und Namen hat – vom Eiger über Jungfrau, Blüemlisalp und Balmhorn bis zum Wildstrubel. Und ein gediegen serviertes Häppchen wird hier einen Ausflugstag abrunden, der Freizeit mit einem Gefühl der Freiheit bereichert hat. (DC)

■ Diemtigtaler Pässerundwanderung

# Luegid vo Bärg und Tal

Start ist auf dem Seeberg, auf frischen 1800 Metern über Meer. Schon der Weg dorthin ist eine Reise wert. Entweder sind wir mit dem Auto in das malerische Diemtigtal hineingegondelt, haben bei Zwischenflüh den Obolus für die Bergstrasse entrichtet und uns auf nur gerade zehn Kilometern 800 Höhenmeter hinaufgeschraubt zum Parkplatz gleich unterhalb des Seebergs. Oder wir sind mit dem Postauto noch weiter ins Tal gefahren, bis Schwenden, haben dort die so wohltuende Berner Oberländer Beschaulichkeit und Ruhe in uns eingesogen, vielleicht sogar übernachtet und sind dann frühmorgens aufgebrochen, um auf einem rassigen, steilen Bergweg die mächtige Fluh des Meniggrates zu überwinden und von oben, vom Stand her, den Seeberg zu erreichen.

Hier stehen wir inmitten einer durch niedrige Hügelzüge interessant gegliederte Hochebene, von denen es in der Schweiz nicht allzu viele gibt. Und schon gar nicht mit einem so malerischen Bergbadesee mittendrin, wie es der Seebergsee ist. Nur einen Katzensprung vom Seeberg liegt er vor uns, eingebettet in die Arena des Muntiggalms gegen Westen, offen gegen Osten hin. Vor allem die Bergwanderer von Schwenden werden hier die Zehen hineinstrecken, die Füsse nachfolgen lassen, tiefer einsinken bis zu den Knien, den Lenden, und schliesslich ganz eintauchen wollen in das weiche Nass. Sie tun gut daran, denn sie werden nicht mehr hierher zurückkommen – im Gegensatz zu jenen, die die gemütlichere, aber leider autoabhängige Variante gewählt haben. Sie haben schon die erste Hürde erklommen, einen kleinen Sattel westlich des Sees, und versuchen, die Aussicht einzuordnen: gegenüber das Niederhorn, dahinter Gantrisch und Kaiseregg und unten, im Simmental, der Flugplatz von Zweisimmen. Dann löst sich der Blick

Wandern von Alp zu Alp im Diemtigtal.

**Gebiet**
Berner Oberländer Voralpen

**Charakterisierung**
Je nach Wahl: Gemütliches Auf und Ab auf neu erstellten Wegen vom Seeberg oder eine satte Tagestour für konditionsstarke Bergwanderer von Schwenden aus.

**Schwierigkeit**
T2. Keine besonderen Schwierigkeiten. Aufstieg von Schwenden: Stellen T3.

**Wanderzeit**
Kleine Runde: 4½ Std.
Grosse Runde: Rund 8 Std. (Abkürzungsmöglichkeiten)

**Höhendifferenz**
Kleine Runde: Insgesamt 500 m
Grosse Runde: Insgesamt 1500 m

**Ausgangspunkte**
Grosse Runde: Schwenden (1163 m ü. M.)
Kleiner, sanfter Tourismusort im hintersten Diemtigtal. Unterkunft: Diemtigtal Tourismus, Telefon
+41 (0)33 681 26 06, info@diemtigtal.ch, www.diemtigtal-tourismus.ch.
Mit öffentlichem Verkehr: SBB/BLS von Bern bis Spiez, dann weiter Richtung Zweisimmen bis Oey-Diemtigen, von dort Postauto ins Diemtigtal bis Schwenden.
Mit Pw: Autobahn von Bern oder Interlaken bis Spiez–Wimmis, dann Richtung Zweisimmen bis Oey. Dort Abzweigung links ins Diemtigtal. Auf der Talstrasse bleibend bis Schwenden.

Kleine Runde: Mit Pw ins Diemtigtal (siehe oben) bis Zwischenflüh, zwischen Schule und Post rechts hinauf (Strasse kostenpflichtig) über Meniggrund und Flüeschwand bis zur Abzweigung Seeberg. Parkplatz unterhalb Seeberg.

**Wegbeschreibung**
Grosse Runde: Von Schwenden über Chregwald und Weeri steil hinauf zum Stand. Von dort leicht absteigend über Seeberg zum Seebergsee. Vom See westlich auf kleinen Übergang. Von dort zuerst leicht absteigend, dann links haltend auf neuem Weg entlang der Flanke des Muntiggalms hinauf zu P. 1878. Auf dem Weg bleibend, zuerst absteigend, dann den Höhenkurven folgend in der Westflanke des Chumigalms zur Alp Vorder Chumi und weiter zur Alp Hinderchumi. Von dort mässig ansteigend nördlich zum Gubi-Pässchen (1987 m ü. M.). Von diesem rechts abzweigend dem Fromattgrat folgend zur Fromatt und von dieser mässig ansteigend zur Scheidegg. Von der Scheidegg über Alpetli und Würzi hinunter nach Schwenden.
Kleine Runde: Vom Parkplatz Seeberg leicht ansteigend zum Seebergsee. Dann grosser Runde folgend bis zum Gubi-Pässchen. Von Gubi leicht absteigend zum Bergrestaurant Stiereberg und von dort leicht abwärts nördlich zurück zum Seebergsee.

Die Frösche fühlen sich wohl in den mit hohem Gestrüpp bewachsenen Flanken des Muntiggalms.

**Verpflegung unterwegs**
Restaurant Stiereberg, 20 Min. vom Seebergsee.

**Karten**
Landeskarte 1:25 000, 1227 Niesen, 1226 Boltigen, 1246 Zweisimmen, 1247 Adelboden
Landeskarte 1:50 000, 253 Gantrisch, 263 Wildstrubel

**Varianten**
– Grosse Runde: Vom Seebergsee direkt zum Gubi-Pässchen (Zeitersparnis: 2½ Std.).
– Grosse und kleine Runde: Von P. 1878 absteigen, dann in der Abstiegsrichtung wieder leicht ansteigend durch den Muntiggraben direkt zum Restaurant Stiereberg (Zeitersparnis: 1½ Std.).

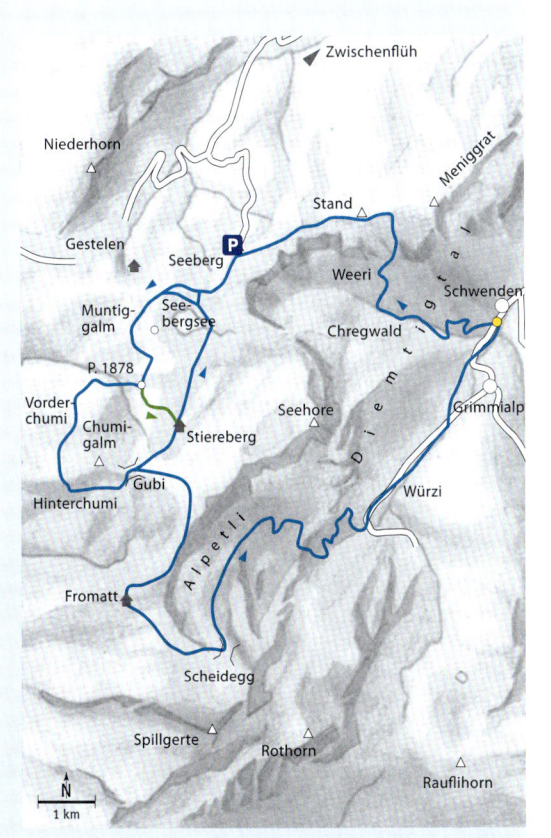

von der Landeskarte und orientiert sich an den Wanderwegtafeln. Denn diese sind neu, die Karte aber alt. Ein neuer Weg ist hinzugekommen, der dort noch nicht eingetragen ist und der uns unter der Westflanke des Muntiggalms direkt zur zweiten Furggel führt – vorbei an Staudenhängen, aus denen man bei feuchtem Wetter die Frösche quaken hört, und zwischen dichtem Erlengestrüpp hindurch auf Holzstufen, die sorgfältig in die dunkle, lehmige Erde eingelassen wurden.

Nun wendet sich der Blick gegen Süden und weitet sich von Zweisimmen hinein ins Saanenland und zur Lenk. Und wenn es sichtig ist, grüssen von ganz hinten die Rochers de Naye, die Diableretsgruppe und das Wildhornmassiv. Unser Weg indes senkt sich hinab in den sanften Muntiggrabe und führt uns entlang den Höhenkurven über Vorder Chumi und Hinter Chumi am Chumiggalm vorbei zum letzten gemeinsamen Höhepunkt der leichten und der anspruchsvollen Rundwanderroute, der Gubi auf knapp 2000 Metern über Meer. Nun sind der Osten und der Norden an der Reihe, mit dem Kalkriegel der Spillgerte, dahinter dem Wildstrubel und dem Blick zurück auf die Hochebene, die wir nun umwandert haben. Die Berggänger von Schwenden folgen nun dem Fromattgrat bis zur Scheidegg, wo sich ihnen ein zusätzlicher Tiefblick auftut ins hintere Diemtigtal, bevor sie selbst dort hinunterstechen und den Weg zurück nach Schwenden finden. Die gemütlicher eingestellten Wanderer hingegen steigen sanft ab zum Stiereberg, genehmigen sich dort ein zünftiges Älplerzvieri und schlendern weiter, am Seehore vorbei, zurück zum Seebergsee. Noch ein letztes Mal die Seele baumeln lassen und die Füsse kühlen und dann zurückwandern zum Seebergparkplatz – im Bewusstsein, eine neue Welt kennengelernt zu haben. (DC)

Respekteinflössend und gebieterisch: Spillgerte.

■ Grindelwaldner Rundtour

# Slow Walking am Faulhorn

Die Rundwanderung beginnt bei der Station First. Dort, wo die Gondelbahn von Grindelwald her verschluckt wird von einer riesigen Sonnenterrasse mit angebautem Bergrestaurant. Einer Terrasse, die den Blick freigibt auf das Wetterhorn, den Mättenberg und die tausendneunhundertneun Klettermeter der Eiger-Nordwand. Von da aus starten wir, wie viele andere auch, in Richtung Bachsee und Faulhorn. Für einmal ist es kein Geheimtipp, den man sich am besten flüsternderweise weitererzählt, um ihn für sich alleine zu behalten. Es ist eine bekannte Wanderung. Und doch findet man auch hier, nur wenige Meter vom Bergrestaurant entfernt, das, wofür man dem Grindelwaldner Touristentrubel entflohen ist: Ruhe, endlich. Und Zeit. Zeit, um den eigenen Atem zu spüren, um das Blut zu hören, das in den Adern rauscht wie das Wasser, das vom Bachsee austritt und den Mülibach hinuntermurmelt (wenn man dem Jazzmusiker und Physiker Ernst Joachim Behrendt glauben will, tut es das in F-Dur). Und um wahrzunehmen, wie sich langsam, aber sicher ein Panorama entrollt, wie es in Europa seinesgleichen sucht. Langsam tauchen am Gegenhang hinter dem Mättenberg das Schreckhorn und Lauteraarhorn auf, jenes Zweigespann aus Fels und Eis mit dem Verbindungsgrat, dessen Überschreitung zu den schönsten Unternehmungen in den Alpen gehört. Links davon nimmt das Wetterhorn Gestalt an, und rechts erscheinen das Finsteraarhorn und das Gross Fiescherhorn. Der Eiger davor zeigt immer deutlicher seinen Mittellegigrat, an dessen messerscharfen Kante im Sommer die Bergsteiger kolonnenweise hinaufhangeln. Und oben, auf dem Gipfel des Faulhorns schliesslich, stürzt der Blick gegen Norden hinunter bis zum Thuner- und Brienzersee, bleibt hängen am Kranz der Berner und Zentralschweizer Voralpen, um sich dann in der Ferne des Juras zu verlieren. Vergessen ist die Anstrengung des Aufstiegs auch für die etwas

Schweiz, so weit das Auge reicht: auf dem Gipfel des Faulhorns.

Wer will, kann das Schwarzhorn über einen kurzweiligen Klettersteig erklimmen.

**Gebiet**
Grindelwald

**Charakterisierung**
Einfache Bergwanderung mit einem wirklich schönen Höhepunkt. Auch für Kinder geeignet.

**Schwierigkeit**
Keine. T1–T2.

**Wanderzeit**
First–Faulhorn–Bussalp (Bergbus): 4–5 Std.

**Höhendifferenz**
Aufstieg: 520 m
Abstieg: 880 m bis Bussalp (Bergbus), 1600 m bis Grindelwald

**Ausgangspunkt**
Grindelwald (1050 m ü. M.)
Mondäner Fremdenverkehrsort im Berner Oberland.
Infos: www.grindelwald.ch.
Mit öffentlichem Verkehr: SBB bis Interlaken Ost, von dort BOB nach Grindelwald. Mit der Gondelbahn von Grindelwald nach First (2167 m ü. M.).
Mit Pw: Autobahn von Bern oder von Luzern über den Brünig bis Ausfahrt Wilderswil, durchs Lauterbrunnental bis Zweilütschinen, Abzweigung Grindelwald nicht verpassen!

**Wegbeschreibung**
Von Grindelwald-First (2107 m ü. M., Bergstation Gondelbahn) auf guten Wanderwegen via Bachsee zum Faulhorngipfel (2681 m ü. M.). Auf der andern Seite auf ebenso gut bezeichneten Wegen hinunter zur Bussalp (Bergbus).

Weltberühmt und oft fotografiert: der Bachalpsee. Im Hintergrund das Wetterhorn.

### Unterkunft/Verpflegung unterwegs
Verpflegung an mehreren Orten entlang der Route. Unterkunft: Hotel Faulhorn (2680 m ü. M.). Ursprüngliches, höchstgelegenes Berghotel der Schweiz unter dem Faulhorn-Gipfel. Doppelzimmer oder Massenlager. www.berghotel-faulhorn.ch oder Telefon +41 (0)33 853 27 13.

### Karten
Landeskarte 1:25 000, 1229 Grindelwald, 1209 Brienz
Landeskarte 1:50 000, 254 Interlaken

### Variante
Ein spezielles Erlebnis ist die Besteigung des Schwarzhorns (2928 m ü. M.) über den Westgrat (Klettersteig!) – nur für starke Nerven und mit Klettersteigausrüstung: T5, 3 Std. ab First. Abstieg über die Südschulter: T3, 1½ Std.

weniger geübten Wanderer. Sie ist längst Teil geworden eines unvergesslichen Erlebnisses. Auf den Gesichtern der Ankömmlinge auf dem Gipfel leuchten denn auch Stolz, Befriedigung und ein Schimmer von Glück.

Ein Glück auch, dass es hier oben ein kleines Berghotel gibt. Offensichtlich hat es schon bessere Tage gesehen, aber das macht gerade den Reiz dieses Gebäudes aus: Dicke Steingemäuer, knarrende Böden wie anno 1830, als der Bau des höchstgelegenen Berghotels der Schweiz als eine Pionierleistung gefeiert wurde. Noch heute sind die Zimmer liebevoll im ursprünglichen Zustand belassen. Statt eines Lavabos mit fliessendem Wasser gibt es in jedem Zimmer noch die alten Waschschüsseln und Wasserkrüge. Wer es gerne billiger hat, verkriecht sich in ein Massenlager aus alten Zeiten. Richtig exklusiv. Vorher wird man aber beim Sonnenuntergang auf dem Gipfel meditieren. Und dann schauen, was der Mond so macht. Der Abstieg dann im kühlen Morgenlicht auf der andern Seite hinunter zur Bussalp. Gemächlich auf dem Alpsträsschen, das im Winter zur längsten Schlittelpiste Europas wird, wo sich Davoser Holzböcke, Tiroler Rodel und Grindelwaldner Velogemel atemberaubende Rennen liefern. Jetzt aber kultivieren wir die Langsamkeit, machen auf «slow walking» (tönt gut, oder?) und nehmen die Weite der Berge und die Nähe der Enziane in uns auf. Wenigstens bis zur Bussalp. Dort gibt's den ersten Kaffee. (DC)

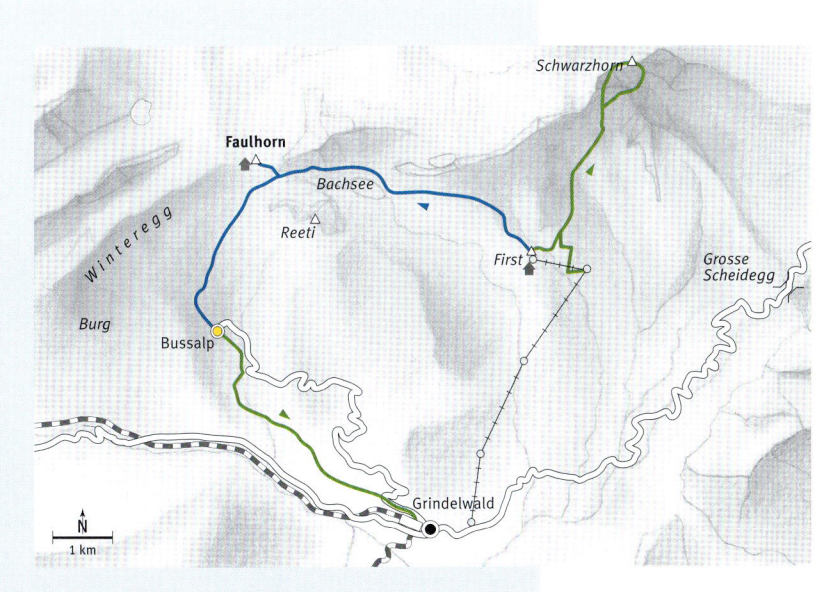

■ Rund um das Gällihorn

# Im Angesicht von Balmhorn und Altels

Kandersteg, der Tourismus- und Transitort vor dem Portal des Lötschbergtunnels, hat eine bewegte Vergangenheit. Noch 1850 genügte hier ein Gasthaus mit fünf Fremdenbetten, um die wenigen Händler, die Gewürze und Wolle über den Gemmipass ins Wallis brachten, zu beherbergen. Schon bald mischten sich jedoch illustre Persönlichkeiten unter die Passtouristen: In den Gästebüchern des Berghotels Schwarenbach zwischen Kandersteg und Leukerbad finden sich Namen wie Pablo Picasso, Mark Twain und Alexandre Dumas. Entsprechend edel für ein Berghaus, das auch im SAC-Hüttenführer aufgeführt ist, präsentiert sich der Innenausbau: Einzel- und Doppelzimmer mit Lavabo und Etagendusche gehören genauso zum Angebot wie das Massenlager mit 28 Matratzen. Und der Zugang ist mehr ein Sonntagsspaziergang als ein Hüttenweg. Gut eine Stunde schlendert man von der Bergstation

**Gebiet**
Berner Oberland

**Charakterisierung**
Eine Rundwanderung, die punkto Aussicht und Abwechslung nichts zu wünschen übrig lässt. Und auch sonst nicht.

**Schwierigkeit**
Die einzige Schwierigkeit zeigt sich im (freiwilligen) Aufstieg aufs Gällihorn, T3–T4. Ansonsten T2.

**Wanderzeit**
Sunnbüel–Schwarenbach–Schwarzgrätli–Üschenengrat mit Gällihorn–Sunnbüel: 5–6 Std.

**Höhendifferenz**
Insgesamt 600 m im Auf- und im Abstieg

**Ausgangspunkt**
Kandersteg (1176 m ü. M.)
Bekannter Tourismusort vor dem Nordportal des Lötschbergtunnels. Diverse Hotels, Pensionen, Campings. Kandersteg Tourismus: Telefon +41 (0)33 675 80 80, info@kandersteg.ch, www.kandersteg.ch.
Mit öffentlichem Verkehr: SBB/BLS von Bern über Spiez nach Kandersteg. Bus zur Talstation der Sunnbüelbahn, dann Luftseilbahn hinauf nach Sunnbüel (1934 m ü. M.).
Mit Pw: Autobahn von Bern oder Interlaken bis Spiez, dann Kantonsstrasse nach Kandersteg. Vom Wallis Autoverlad durch den Lötschbergtunnel.

**Wegbeschreibung**
Von Sunnbüel über die Spittelmatte zum Berghotel Schwarenbach, leicht. Unmittelbar nach dem Berghotel rechts hinauf über zwei Steilstufen zum Schwarzgrätli. Dies ist der Ausgangspunkt des Üschenengrats, der sich nun 3 km nordöstlich hinzieht. Am Schluss führt der Weg um das Gällihorn herum (2284 m ü. M., Gipfelbesteigung fakultativ) und in steilen Kehren wieder hinunter nach Sunnbüel.

Besser als nichts: Schutzhütte am Üschenengrat.

Vom Üschenengrat zieht sich der Weg hoch über der Spittelmatte nordwärts. Im Hintergrund das Doldenhorn.

Das Hotel Schwarenbach hat schon viele illustre Gäste beherbergt.

**Unterkunft/Verpflegung unterwegs**
Berghotel Schwarenbach (2060 m ü. M.): Bewartet von März bis Oktober. Telefon +41 (0)33 675 12 72, www.schwarenbach.ch. Ab Bergstation Sunnbüel über Spittelmatte: 1¼ Std.

**Karten**
Landeskarte 1:25 000, 1267 Gemmi
Landeskarte 1:50 000, 263 Wildstrubel

**Variante**
Vom Schwarzgrätli über Tällisee–Rote Chumme zurück zum Berghotel Schwarenbach. Ab Schwarenbach 3–4 Std., T3.

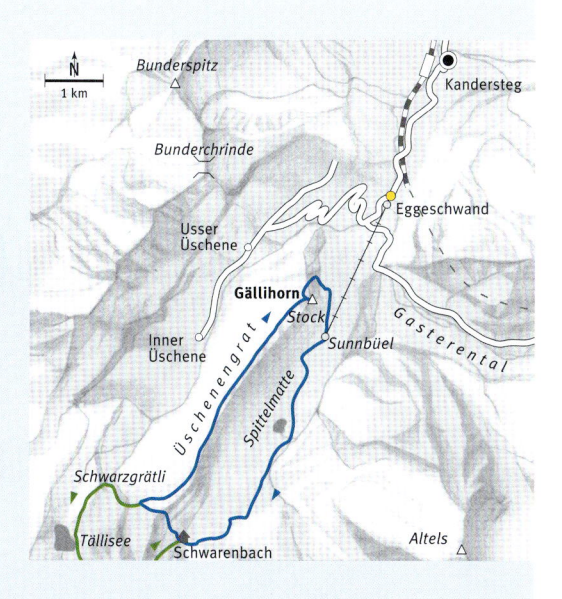

Sunnbüel durch eine Hochebene von einer Dimension und Schönheit, wie sie in der Schweiz selten anzutreffen sind. Dutzende von Rinnsalen mäandrieren in einem riesigen Flussbett, Seelein liegen verborgen hinter Bergföhren. Ein Spielparadies, mehr noch, ein Platz zum Sein. Aber nur für jene, für die Schwarenbach das Tagesziel ist.

Die andern, und dazu gehören auch die Rundwanderer, werden Schwarenbach als «last beerstop before heaven» benützen, ein Bier oder ein Panaché trinken und eine kräftige Suppe essen, denn ab jetzt geht's definitiv bergauf. 300 Höhenmeter bis zum Schwarzgrätli. Dort nämlich setzt der Üschenengrat an, und auf diesem Üschenengrat verläuft ein Bergweg. Und was für einer! Wenn die Herren, die in Schwarenbach logierten, den Weg auch hierher gefunden hätten – es wäre ihnen gezeigt worden, was echte Herrlichkeit ist. So ist es aber das Privileg der Menschen unserer Zeit, diese Herrlichkeit zu entdecken. Der Menschen, die die Ehrfurcht vor den Bergen abgestreift haben, um sie ebendort wieder zu lernen. Zum Beispiel auf diesem Grat, wo die Aussicht auf die mächtigen Plattenschüsse des Altels und das ganze Gemmigebiet bis hinüber zur Lohnergruppe, zum Bunderstock und zu den Berner Voralpen tief beeindruckt. Das Gefühl, sich auf einer Kanzel zu bewegen, bleibt noch eine ganze Weile erhalten, über drei Kilometer nämlich bis zum Gällihorn. Es lohnt sich, dieses zu besteigen. Wer sich aber im steilen Gipfelgelände nicht wohlfühlt, muss da nicht hinauf. Dies, obwohl die Landeskarte 1:50 000 einen glauben machen will, der Weg zurück zur Bergstation Sunnbüel führe über den Gipfel. Es ist selten genug, dass man in den Karten der Landestopografie einen Fehler entdeckt – aber das ist einer. So genügt es also, unter dem Gipfelblock bleibend in die Ostflanke abzutauchen und mehr rutschend als gehend wie auf einem Kalkkugellager zu den Felsriegeln der Winteregghütte zu gelangen. Dort gibt es oft Sportkletterer zu beobachten, die wie Fledermäuse an der überhängenden Wand hängen, denn Kletterrouten im siebten und achten Schwierigkeitsgrad sind hier in bestem Kalk hochgebohrt. Daneben stehen aber auch einige Felsblöcke für erste Kletterversuche bereit. Eine gute Idee für den nächsten Ausflug …
(DC)

■ **Rundtour über den Vanil Noir**

# Im Reich der Alpennarzissen

Wer im Frühsommer den Vanil Noir anpeilt, tritt ein in ein Naturreich, das voller Überraschungen ist wie eine Wundertüte. Und nicht nur das: Mittendrin wartet die etwas andere, vor allem für unternehmungslustige Familien wie gemachte Cabane de Bounavaux. Und über allem steht ein Berg, der es in sich hat. Der wuchtige Kalkzapfen des Vanil Noir liegt sozusagen in einem toten Winkel des Deutschschweizer Wanderhorizontes, nämlich zwischen dem Greyerzerland und dem Pays d'Enhaut. Bis zum Bahnhof Grandvillard zwischen Bulle und Montbovon sind die Spiesse für Benützer der öffentlichen Verkehrsmittel und Autobesitzer gleich lang – unter der Woche sogar bis Grandvillard Dorf. Dann heisst es für die Bahnfahrer aussteigen und losmarschieren – rund eineinhalb Stunden auf schönen Wanderwegen hinauf bis zum Eingang des Pro-Natura-Schutzgebietes Vanil Noir. Dort ist auch Schluss mit Autofahren.

Wir gehen von dort einige Meter weiter, und schon ist der erste Halt angesagt. Zu schade wäre es, den lieblichen Lac de Coudré rechts liegen zu lassen. Das ist auch nicht nötig, denn es sind keine vierhundert Höhenmeter von hier bis zur Cabane de Bounavaux. Wir haben also Zeit, um uns auszubreiten, hinzuschauen und alsbald ungläubig die Augen zu reiben: Munter spritzt Wasser über einen Felsriegel und ergiesst sich als mittlerer Bergbach in den See. Aber wo bleibt der Abfluss? Die kleine Lehrpfadbroschüre, die Pro Natura herausgegeben

Ein Kreuz, als wär's ein Kirchenfenster. Blick vom Vanil de l'Ecri hinüber zum Vanil Noir.

**Gebiet**
Oberes Saanetal

**Charakterisierung**
Eine rassige Bergtour am Rande dessen, was mit «wandern» umschrieben werden kann. Aber eine lohnende.

**Schwierigkeit**
Bis zur Hütte T2, bis zum Col du Plan des Eaux T3, dann T4. Die Besteigung des Vanil Noir ist nur bei guten Verhältnissen empfohlen, wenn sich auch die letzten Altschneereste aus den Flanken davongestohlen haben.

**Wanderzeit**
Grandvillard–Cabane de Bounavaux: 3 Std., ab Bahnhof 3½ Std.
Cabane de Bounavaux–Vanil Noir und zurück: 6 Std.

**Höhendifferenz**
Grandvillard–Cabane de Bounavaux: 882 m
Parkplatz Parkeingang–Cabane de Bounavaux: 355 m
Cabane de Bounavaux–Vanil Noir: 750 m

**Talort**
Grandvillard (762 m ü. M.)
Schmucker Weiler an der Kantonsstrasse zwischen Bulle und Chateau d'Œx.
Mit öffentlichem Verkehr: SBB von Fribourg oder Lausanne nach Palézieux, dann TPF über Bulle–Gruyères bis Bahnhof Grandvillard. Oder Postauto von Fribourg über Bulle direkt nach Grandvillard Dorf (wenige Kurse während der Woche).
Mit Pw: Autobahn Fribourg–Vevey bis Ausfahrt Bulle. Von Bulle Richtung Chateau-d'Œx bis Grandvillard, dann gut ausgebaute Alpstrasse nach Les Baudes («Bounavaux» signalisiert). Parkplatz.

**Ausgangspunkt**
Cabane de Bounavaux (1635 m ü. M.)
Hütte im Besitz von Pro Natura, von Freiwilligen der SAC-Sektion Gruyère betrieben. Keine Verpflegung, Getränke erhältlich. Achtung: An Wochenenden rege gebucht. Reservation: Telefon +41 (0)26 912 32 77, info@cas-gruyère.ch, www.cas-gruyère.ch.
Zustieg von Grandvillard über Les Baudes. Gute Wanderwege, T2.

**Wegbeschreibung**
Von der Hütte auf guten Wegspuren an zwei kleinen Seen vorbei zur Westflanke des Vanil Noir. Der Weg wird nun steiler und windet sich im Zickzack einen Schuttkegel hinauf. Oben wird der Fels fester, der Weg findet zwischen den Felsen hindurch bis zum Col du Plan des Eaux. Gutes Schuhwerk empfohlen, vor allem bei Nässe rutschig, T3. Vom Col du Plan des Eaux Aufstieg zum Vanil Noir (2388 m ü. M.): Dieser kann heikel sein und braucht neben Trittsicherheit auch Schwindelfreiheit: T4, 1 Std. vom Col du Plan des Eaux.

Straff spannt sich das Drahtseil über die Schlüsselstelle im Abstieg vom Vanil Noir – und wird gerne und oft in Anspruch genommen.

Abstieg auf der Nordseite des Vanil Noir bis zum Wanderweg, der die Cabane de Bounavaux mit der Cabane les Marrindes verbindet. Auf diesem Wanderweg zurück zur Cabane de Bounavaux oder zusätzlich über den Tsermon (2140 m ü. M.) zum Lac de Coudré (oder noch weiter über den Le Van [1966 m ü. M.] zum Parkplatz bei Les Baudes).

**Unterkunft/Verpflegung unterwegs**
Keine.

**Karten**
Landeskarte 1:25 000, 1245 Chateau-d'Œx
Landeskarte 1:50 000, 262 Rochers de Naye

**Literatur**
Broschüre von Pro Natura Freiburg, zu bestellen über Telefon +41 (0)26 422 22 06 oder pronatura-fr@pronatura.ch.

**Variante**
Besteigung des Vanil de l'Ecri (2375 m ü. M.): Ebenso schön und weniger gefährlich als der Vanil Noir ist zu seiner Rechten der Vanil de l'Ecri. Er ist nur 13 Meter niedriger als der Vanil Noir und vom Col du Plan des Eaux nach rechts weglos, aber sanft ansteigend auf breitem Rücken erreichbar. T3, 30 Min.

hat, hilft weiter: Der kalkige Seegrund ist nicht besonders dicht, deshalb versickert das Wasser fortlaufend im Untergrund, um unten im Tal als Quellwasser wieder zutage zu treten.

Bald schon begegnen wir dem ersten Steinbock. Ruhig steht er da, lässt sich sogar anfassen. Ein Prachtskerl, ein Kunstwerk ganz in Eisen gegossen vor einem hübschen Berghaus mit einer ausladenden Terrasse. Die Cabane de Bounavaux, der Pro Natura gehörend, von der SAC-Sektion Gruyère bewartet. «Nur Suppe», steht im Schweizer Hüttenführer, «50 Plätze, geöffnet von Mitte Juni bis Ende August.» Hier wird also selber gekocht. Das muss man wissen, das soll aber nicht abschrecken. Denn im Gegensatz zu den meisten andern Selbstversorgerhütten sorgt hier ein freiwilliges Bewartungsteam für das, was das Selberkochen für die Familie zum stressfreien Erlebnis macht: für eine diskrete Unterstützung und Anleitung und vor allem – für Ordnung. Zudem sind Getränke da, im Rucksack fällt also nichts wirklich ins Gewicht. Und wer schon einmal da war, weiss: Auch das Fonduegeschirr ist schon vor Ort …

Auch das Frühstück macht der Hüttenwart bereit, selbstgebackenes Brot und Käse vom Tal. Für den ersten naturkundlichen Leckerbissen sorgt, sofern man im Frühsommer unterwegs ist, der Grashang gleich oberhalb der Hütte: büschelweise Bergnarzissen, klein zwar, aber welch ein Duft! Vorbei an ganzen Feldern von Alpenanemonen steigen wir weiter; aus dem Wanderweg wird ein stotziger Bergweg, der sich einen Schuttkegel hinaufwindet und zwischen Kalkzähnen vorbeifindet bis zum Col du Plan des Eaux zwischen dem Vanil Noir und dem Vanil de l'Ecri. Nun kraxeln wir, bergerfahren und trittsicher, wie wir sind, linker Hand auf einem kettengesicherten Gebirgspfad zum Vanil Noir hinauf. Auf dem Gipfel lassen wir uns von einer grandiosen Rundsicht an unverbaubarer Lage und einem guten Rucksackzmittag verwöhnen, bevor auf der andern Seite des Gipfels die eigentliche Schlüsselstelle wartet: ein tänzerischer Akt am Fixseil über dem Abgrund, ein, zwei Schritte nur, aber etwas Mut braucht es trotzdem. Der Rest ist Abrundung – direkt hinunter oder über weitere Grate und Gipfel hüpfend, eilend, verweilend. (DC)

Ein kapitaler Steinbock – allerdings einer aus Gusseisen – wacht vor der Cabane de Bounavaux.

■ Rundwanderung Pointe des Savolaires

# Im wilden Tal des Muveran

Es ist schon so: Die Bergwelt in der Westschweiz ist wesentlich mehr geprägt von Bahninfrastrukturen als der Osten unseres Landes. Richtig wilde, ursprüngliche Ecken sind eher selten. Aber es gibt sie. Zum Beispiel zwischen dem Grand Muveran und der Dent de Morcles, dem Massiv also, das der Rhone den direkten Weg zum Genfersee versperrt und den Fluss sozusagen ins Knie von Martigny zwingt. Wer diese Wildheit ganz erfahren will, dem sei empfohlen, die Tour du Grand Chavalard (siehe Seite 118) abzuwandeln und nach dem Lac de Fully aufzusteigen zur Cabane du Demècre, um dann auf einem schwindelerregenden Höhenbergweg hinüberzuqueren zur Cabane de la Tourche. So wenig dieser Weg etwas für schwache Nerven ist, so bescheiden ist die Ausstattung dieser Hütte. Aber die nächste Unterkunft ist weit weg, und so wird man sich dem Feeling des «Schlafens wie vor hundert Jahren» mit der nötigen Einstellung hingeben. Denn das abenteuerlichste und wildeste Stück der berühmten «Tour des Muverans» folgt am nächsten Tag. Steil führt der Weg bergan – begleitet von atemberaubenden, wenig bekannten Tief- und Weitblicken zum Genfersee und zu den Dents du Midi – bis zum Col des Perris Blancs, um dann in ein weiteres wildes Tal abzutauchen, das Vallon de Nant.

Dort befindet sich der Ausgangspunkt einer Rundtour, die einen etwas von der Wildheit des Gebietes erfahren lässt, ohne dass man deswegen fünf oder sechs Tage zu investieren braucht. Auch die Anforderungen sind auf durchschnittliche Bergwanderer zugeschnitten, und das Berggasthaus in Pont de Nant entspricht, wenn es auch sehr einfach ist, wenigstens den Mindestnormen einer appetitlichen Gebirgsunterkunft. Am Abend wird man sich dort in der gemütlichen Gaststube ein kräfti-

Blick vom Col des Pauvres zum Genfersee.

Wanderwegtafeln auf dem Col des Pauvres. Die ersten Sonnenstrahlen erscheinen über der Felsbarriere des Grand Muveran.

**Gebiet**
Waadtländer Alpen

**Charakterisierung**
Alpine Rundtour, die so abwechslungsreich und interessant wie unbekannt ist.

**Schwierigkeit**
Die Wege sind gut markiert, jedoch von unterschiedlicher Qualität. Richtig ausgesetzte Stellen gibt es jedoch kaum. T3.
Der kurze Abstecher zur Pointe des Savolaires ist im oberen Teil weglos und sehr steil. T4–T5, nicht bei Nässe begehen!

**Wanderzeit**
Pont de Nant–Nant–P. 1664–Col des Pauvres–Pointe des Savolaires–Pont de Nant: 6 Std. Abstecher zur Pointe des Savolaires: zusätzlich 30 Min.

**Höhendifferenz**
Pont de Nant–Pointe des Savolaires: 1000 m

**Ausgangspunkt**
Pont de Nant (1253 m ü. M.)
Alpgasthof am Ausgangspunkt zur Tour des Muverans. Auberge communale de Pont de Nant, Telefon +41 (0)24 498 14 95, www.tsauin.ch.
Mit öffentlichem Verkehr: SBB bis Bex, dann Postauto bis Les Plans. Von Les Plans in 30 Min. zu Fuss nach Pont de Nant.
Mit Pw: Autobahn Lausanne–Martigny bis Ausfahrt Bex. Ausgangs von Bex Strasse nach Le Bévieux–Les Plans sur Bex. Zufahrt möglich bis Pont de Nant.

**Wegbeschreibung**
Von Pont de Nant zuerst auf breiter Forststrasse bis zur Alp Nant, dann Wanderweg bis zur Abzweigung bei P. 1664. Dort rechts hinauf Richtung Col des Pauvres. Auf dem Col des Pauvres wieder rechts zur Pointe des Savolaires. Dieser Weg führt rechts an der Pointe des Savolaires vorbei auf den Nordostgrat und diesem entlang hinunter bis Pont de Nant. Die Besteigung der Pointe

des Savolaires (2294 m ü. M.) geschieht auf Wegspuren, die vor allem von Schafen herrühren. Im obersten Teil sehr steil und exponiert.

**Unterkunft/Verpflegung unterwegs**
Keine.

**Karten**
Landeskarte 1:25 000, 1285 Les Diablerets, 1305 Dent de Morcles
Landeskarte 1:50 000, 272 St-Maurice

**Varianten**
Pont de Nant ist auch ein guter Ausgangspunkt für die Tour des Muverans, die in 4–6 Tagen rund um das ganze Muveran-Massiv führt. Weitere Informationen über diese variantenreiche Umrundung: www.tourdesmuverans.ch oder www.ovronnaz.ch.

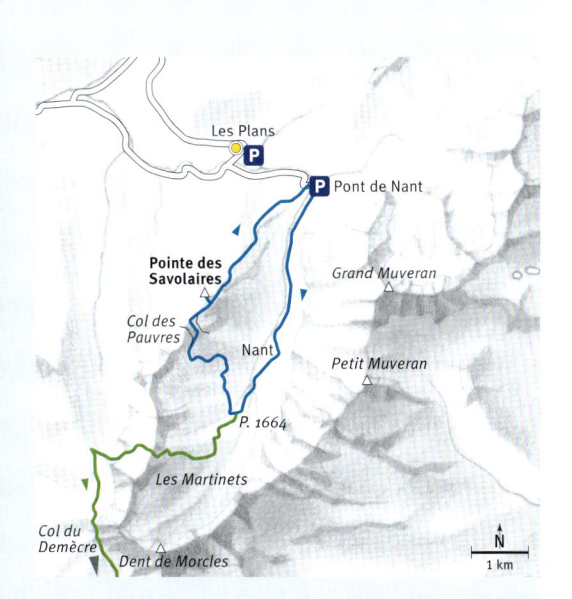

Im Abstieg eine abwechslungsreiche Gratwanderung im Angesicht der unter Kletterern wohlbekannten Arête de l'Argentine.

ges Fondue zu Gemüte führen. Das passt nicht nur zum Ambiente, sondern legt auch eine gute Grundlage für den folgenden Wandertag. Denn die Kalorien kann man brauchen, wenn man aufbricht, um zuerst mal das Vallon de Nant zu erkunden. Behilflich sind dabei grosse Schautafeln, die über die Besonderheiten von Fauna und Flora aufklären und die menschlichen Kulturleistungen kritisch würdigen. Gut drei Kilometer und vierhundert Höhenmeter weiter ist der Punkt erreicht, wo es dann richtig zur Sache geht: Der Weg zweigt nach rechts ab, und froh ist, wer den nun folgenden Aufstieg in den kühlen Morgenstunden bewältigen kann. Wenn nicht, zählt man zu den Beklagenswerten, denen das nächste Etappenziel gewidmet ist: der Col des Pauvres, der Pass der Armen.

Nicht arm, sondern überaus reich präsentiert sich indes die Aussicht – auf der einen Seite prallt sie an die Westwand des Grand Muveran, durch die sich unglaublicherweise sogar noch ein Bergweg hindurchzieht. Auf der andern Seite weitet sich der Blick von den Waadtländer Alpen bis zum Genfersee. Dieses Panorama begleitet einen nun auf einer Gratwanderung, die so schön wie unbekannt ist. Sie verläuft vorbei an der Pointe des Savolaires, deren (allerdings lohnende) Besteigung trittsicheren Berggängern vorbehalten ist, und senkt sich dann mit deren Nordostgrat wieder gegen Pont de Nant. Wir senken uns mit, und kommen dabei vor wie ein Adler im Sinkflug. Dabei haben wir genug Zeit, um die Gebirgswelt des Grand Muveran zu studieren und uns zu sagen: Wir kommen wieder, dann aber für eine Woche und die ganze Tour des Muverans … (DC)

## Rund um den Mont Raimeux
# Wo die Elfen wohnen

Der Bahnhof von Corcelles gleicht einer Bushaltestelle, doch für die kleine, isolierte Ortschaft braucht er gar nicht grösser zu sein. Die markanteste Sehenswürdigkeit in diesem Juraweiler ist der Bahnviadukt. Nach dem Abstieg vom Bahndamm findet man sich etwas später auf dem kleinen Dorfplatz wieder. Ein hölzernes Wegschild verweist bereits auf das Restaurant auf der Höhe des Berges. Auf der linken Seite des Baches zieht sich der kleine Fahrweg hinauf zum Waldrand, und etwas weiter oben führt eine Holzbrücke am Fuss eines wilden Wasserfalls auf die andere Seite. Dieser Wasserfall gehört zur Schlucht Gore Virat, die eine äusserst attraktive Wandervariante zur langweiligen Fahrstrasse bietet. Das über den weissen Jurakalk spritzende Wasser verleiht der Schlucht etwas Urwaldähnliches, und man würde sich nicht wundern, hier Elfen tanzen zu sehen. Eisenstifte ermöglichen es Mutigen, entlang dem Wasserfall aufzusteigen. Weitere zwei mehr oder weniger vertrauenswürdige Holzbrücken erschliessen dem Wanderer die etwa 150 Höhenmeter des Wasserfallgebietes. Die oberste Brücke ist auf einem schmalen Pfad zugänglich. Der Abstecher lohnt sich, denn hier findet man eine kleine, moosbewachsene Gruft. Dschungelähnliche Verhältnisse mit lebendigem Lichteinfall und aus dem Boden quellendes Wasser begleiten auch den Ausstieg aus der Schlucht.

Unter Felsen hindurch und über eine Holztreppe gelangt man nun auf eine mit Gras bestandene Hochebene. Nach kurzer Zeit trifft man auf eine Zufahrtsstrasse und bleibt nun 15 Minuten in westlicher Richtung in Gesellschaft von Bikern und Autos, bis man zum Restaurant Raimeux kommt, das kulinarische Genüsse im Sommergarten bietet. Weiter geht es auf einer breiten Kiesstrasse. Auf der rechten Seite ist sie

Treppen, Brücken, Wasserfälle – der Aufstieg von Corcelles zur Hochebene von Raimeux spart nicht mit Reizen.

### Gebiet
Jura

### Charakterisierung
Eine Rundwanderung zwischen Pferden und Kühen mit Schluchten und fantastischer Aussicht. Ein leichter Rucksack genügt dank vieler Verpflegungsmöglichkeiten unterwegs.

### Schwierigkeit
Für Familien geeignete, wenn auch eher lange Tour ohne besondere Schwierigkeiten. T2.

### Wanderzeit
Corcelles–Raimeux de Crémines–Mont Raimeux–Raimeux du Grandval–Raimeux du Belprahon–Belprahon–Grandval: 6–7 Std.

### Höhendifferenz
Aufstieg: 650 m
Abstieg: 700 m

### Ausgangspunkt
Corcelles (655 m ü. M.)
Isoliertes, kleines Dorf im Berner Jura mit eindrücklichem Bahnviadukt. Restaurants.
Mit öffentlichem Verkehr: BLS von Solothurn oder Moutier nach Corcelles.
Mit Pw: Autobahn Zürich–Bern bis Ausfahrt Oensingen, dann Richtung Balsthal, weiter über Welschenrohr–Gänsbrunnen nach Corcelles. Parkplatz unter dem Viadukt am Waldrand.

### Wegbeschreibung
Von der Bahnstation Corcelles hinunter zum Dorf. Im oberen Teil des Dorfes links über den Bach und dann zum Waldrand. Durch die Schlucht hinauf zu P. 1116. Auf der Fahrstrasse links nach Westen bis zum Restaurant Raimeux. Rechts weg nach Norden bis zum Grat des Raimeux (P. 1240). Dem Grat nach Westen folgend zum Aussichtsturm bei P. 1302. Gut sichtbar bis zu P. 1288, Raimeux du Grandval. Richtung Moutier bis zur Aussichtsplattform bei P. 845. Steil hinunter bis zum Feldweg und links nach Belprahon. Von Dorfmitte links nach Grandval.

### Unterkunft/Verpflegung unterwegs
Zwei Bergrestaurants auf dem Mont Raimeux sowie die Cabane de Raimeux (25 Schlafplätze, über das Wochenende bewartet), Telefon +41 (0)32 422 69 23. Restaurant in Grandval.

### Karten
Landeskarte 1:25 000, 1106 Moutier
Landeskarte 1:50 000, 223 Delémont

Da hilft kein Wiehern und Muhen: Die Brunnen sind hier für alle da.

Es ist nicht verboten, den Aussichtsturm auf dem Mont Raimeux zu besteigen, aber es braucht gute Nerven.

begrenzt durch eine typische Kalksteinmauer, und dahinter weiden – wie im Jura nicht anders zu erwarten – Herden von Kühen oder Pferden. Durch aufgelockerten Fichtenwald und über eine Alpweide geht es nun Richtung Norden bis zur Krete des Raimeux auf 1240 Metern über Meer. Inmitten von wildem Untergehölz wandern wir über den Grat, begleitet von einem umfassenden Rundblick, rechts über das Laufental und hinaus nach Frankreich und links bis zu den Berner Viertausendern. Eine besondere Rundsicht bietet auf dem höchsten Punkt des Mont Raimeux auf 1302 Metern über Meer ein 15 Meter hoher Aussichtsturm aus Beton. Dessen Besteigung erfolgt über eine abenteuerliche Leiter und erfordert etwas Mut. Hier oben steht man nun – exakt auf der Kantonsgrenze – auf dem höchsten Punkt des Kantons Jura.

Zwischen Pferden und Kühen findet man anschliessend den Weg zur Alp Raimeux de Grandval. Hier lädt das Restaurant du Signal zu einer weiteren Rast. Auch die SAC-Hütte Cabane du Raimeux der Sektion Delémont, die (leider) sogar mit dem Auto erreichbar ist, bietet den Gästen Suppe und Getränke. Dann beginnt der Abstieg über den Bergrücken nach Westen, mit Aussicht auf das Städtchen Moutier. Unterhalb der Alp Raimeux du Belprahon geht es auf der Kiesstrasse weiter bis in den Wald auf etwa 900 Metern über Meer. Der Wanderweg nach Moutier zweigt hier rechts ab und bringt uns zu einer Aussichtskanzel mit Bänken, von wo man einen atemberaubenden Tiefblick in die Schlucht von Moutier hat. Nach den Kurven im Wald mündet der Weg in den Feldweg nach Belprahon. Mitten im Dorf zweigen wir gleich wieder nach links ab und gelangen nach Grandval. Auch in diesem kleinen Juradorf findet man ein Restaurant, und so lassen wir denn im «Croix-Blanche» die Tour bei Speis und Trank noch einmal Revue passieren. (GG)

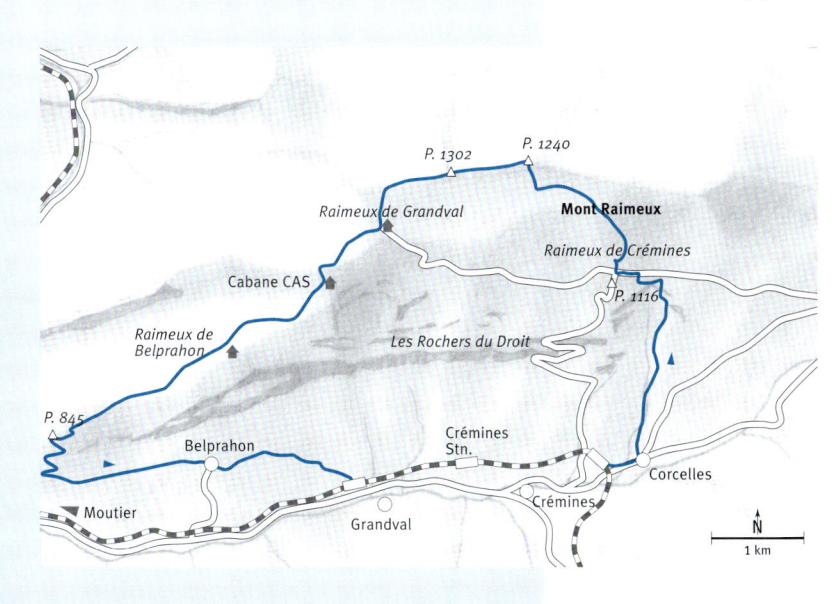

■ Rund um den Creux du Van

# Tanz auf der Felsenburg

Mitten im Jura findet man eine der abwechslungsreichsten Wanderungen der Westschweiz. Trifft man im Bahnhof Noiraigue ein, so wähnt man sich um Jahre zurückversetzt. Das kleine Dorf, eingebettet im Jurakalkfels, wirkt in diesem einsamen Tal ziemlich verschlafen. Ohne die Ruhe zu stören, folgt man gleich beim Bahnhof dem Wanderwegschild mit rotem Dreieck in Richtung unseres Tagesziels. Durch erfrischenden Wald gelangt man zur Ferme Robert, wo man sich zwischen ausgestopftem Wild in skurrilem Ambiente kulinarisch verwöhnen lassen kann. Seit 1750 werden hier bereits Wanderer und Jäger bewirtet. Auf dem weiteren Weg findet sich ein Platz mit vielen Informationstafeln über das Gebiet.

Vor der Wegscheide am Fuss der 200 Meter hohen, markanten Felswand befindet sich die Fontaine Froide. Die in einem Holzbrunnen gefasste Quelle wird vom auftauenden Permafrost am Grund der Felsen gespeist. Deshalb erreicht sie nie mehr als 4 °C. Eine willkommene Erfrischung also vor dem steilen Aufstieg in der vom Sturm «Lothar» stark geschundenen Nordflanke des Creux du Van. Geführt von Wanderwegschildern steigt man höher und geniesst immer mehr Einblicke in die markante Felswand und die sanften, waldigen Hügel, die sich im Norden bis über die Grenze nach Frankreich hinziehen. Bevor man nun rund um den Creux du Van wandert, lohnt sich der Abstecher über die Hochmoorweiden hinunter in eine kleine Senke und dann wieder hinauf zur Crêt aux Moines im Süden. Auf diesem waldfreien Aussichtspunkt geniesst man bei klarem Wetter nach Regen, bei Bise oder Föhn die freie Sicht hinunter zum Neuenburger- und Bielersee sowie über das Berner Seeland und die Freiburger Voralpen, die ihrerseits vom

**Gebiet**
Neuenburger Jura

**Charakterisierung**
Eine faszinierende Wanderung über dem markantesten Felsenamphitheater der Schweiz.

**Schwierigkeit**
Leichte, gut markierte Wanderwege. T2.

**Wanderzeit**
Noiraigue–Ferme Robert–La Grand Vy–Crêt aux Moines–Le Soliat P. 1463–P. 1014–Noiraigue: 6–7 Std.

**Höhendifferenz**
Ab Noiraigue: Aufstieg und Abstieg 800 m
Ab Ferme Robert: Aufstieg und Abstieg 550 m

**Ausgangspunkt**
Noiraigue (730 m ü. M.)
Kleiner Flecken am Eingang zur Areuse-Schlucht.
Zwei Restaurants.
Mit öffentlichem Verkehr: SBB von Neuchâtel Richtung Val-de-Travers bis nach Noiraigue.
Mit Pw: Von Neuchâtel Richtung Fleurier–Pontarlier.

Die Ferme Robert – eine Gaststätte mit Geschichte.

Keine Abschrankung zeigt an, wie weit man sich vorwagen darf – das muss der gesunde Menschenverstand tun.

Wie ein riesiges Amphitheater bricht der Creux du Van nach Norden ab.

Schnellstrasse Ausfahrt Noiraigue. Die Zufahrt mit Pw zur Ferme Robert ist möglich.

### Wegbeschreibung
Von Noiraigue durch den Wald gut markiert zur Ferme Robert (972 m ü. M.). Ab hier immer steiler bis La Grand Vy. Abstecher zur Crêt aux Moines. Auf der Krete nach Le Soliat (1463 m ü. M.) und weiter um den Felskessel herum. Evtl. Abstecher zur Ferme du Soliat. Abstieg über den Weg der 14 Kurven (Sentier des 14 Contours) nach Noiraigue. Alles bestens markiert.

### Unterkunft/Verpflegung unterwegs
Drei Restaurants. Übernachtungsmöglichkeit in der Ferme Robert, Telefon +41 (0)32 863 31 40.

### Karten
Landeskarte: 1:25 000, 1163 Travers
Landeskarte 1:50 000, 241 Val-de-Travers

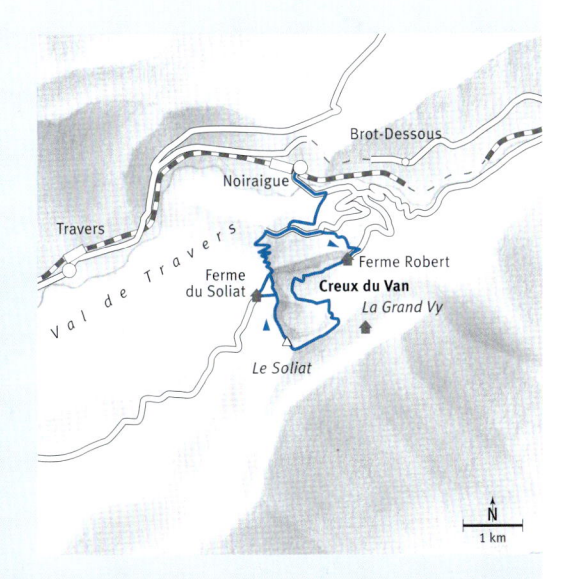

Berner Alpenpanorama umrahmt werden. Dann geht es auf gleichem Weg wieder zum Creux du Van, wo man am Rand der 180 Meter abfallenden Felsen seine Schwindelfreiheit testen kann.

Ursprung für die eindrückliche, halbrunde Kalkfelsformation war ein quer zum Jura verlaufender geologischer Bruch. Die Witterung liess die Felsen dann im Laufe der Zeit zu senkrechten Wänden erodieren. Auf dem Felsenhalbrund – es gilt als Naturdenkmal von nationaler Bedeutung – verläuft die Grenze zwischen den Kantonen Waadt und Neuenburg. Wie auf einer Burgmauer geht man zwischen Abgrund und sanfter Hochalp weiter zur Mitte des Felsenhufeisens. Von hier ist es ein Katzensprung zur Anhöhe von Le Soliat (P. 1463), wo eine farbige Panoramatafel die unzähligen Gipfel am Horizont benennt. Weiter geht die Wanderung nun zur Nordseite des Creux du Van, wo man mit etwas Glück zwischen den Felsen die hier heimischen Gemsen und Steinböcke beobachten kann. Zwischen Wollgras, Haselstauden, Brombeeren, Erdbeeren und zerfransten Baumresten steigt man schliesslich auf dem gut ausgebauten Sentier des 14 Contours mit stetem Blick über den Jura bis nach Frankreich hinunter zu einem Bauernhof mit kleinem Gastbetrieb am Rande des lichten Waldes. Nach einer Verpflegung im Beisein von Hühnern, Pferden und Eseln verkürzen neue Eindrücke den Weg im Wald zurück nach Noiraigue. (GG)

Das Matterhorn, vom Höhbalmen aus gesehen.

Wallis

■ Tour du Grand Chavalard

# Das Wallis zu Füssen

Saillon ist eine gute Adresse – zumindest unter den Weinkennerinnen und Weinkennern, die einen edlen Unterwalliser Tropfen nicht verschmähen und es sich nicht nehmen lassen, zur Herbstzeit in dieses sauber herausgeputzte Dorf zu pilgern und sich in den einschlägigen Caves den neusten Jahrgang zu Gemüte zu führen. Dass Saillon nicht nur ein Wein-, sondern trotz seiner Tallage auch ein Bergdorf ist, wissen nur die wenigsten. Dass der Skiklub von Saillon sogar eine Berghütte betreibt und dort ebendenselben Wein ausschenkt – wenn auch nur aus den Flaschen der Winzer, die sich am Um- und Ausbau des alten Alpstalles beteiligt haben –, weiss nur ein ganz kleiner Kreis von Eingeweihten. Und was für eine Hütte: Die Gîte rural de Lui d'Août hat einen Schwedenofen in der Gaststube und wird von einer freiwilligen Hüttenwartscrew geführt, die einen aufs freundlichste bedient und mit viel Liebe bekocht.

Diese Hütte, die man von der Bergstation des Sessellifts von Ovronnaz her in 40 Minuten erreicht (warum nicht von Saillon aus wandernderweise über den Sentier de Farinet mit seiner spektakulären Hängebrücke nach Ovronnaz gelangen?), kann zugleich Ausgangspunkt sein für eine Rundwanderung, die punkto Abwechslung und Schönheit der Natur keine Wünsche offen lässt. Sie führt uns zuerst durch eine malerische Hochebene und dann auf steinigem Weg hinauf zum Col und zu der Cabane de Fenestral. Schon sind wir auf 2453 Metern über Meer und geniessen einen Tiefblick in die weite, von einem See belegte Geländemulde der Montagne de Fully. Ein Blick, der sodann seinen Weg findet über den Rand dieses Gebirgstroges hinaus bis zum Montblanc-Massiv in nicht allzu weiter Ferne. Rechts lädt die

Die obere Sektion der Ovronnaz-Sesselbahn ist stillgelegt – sie kann nur als Richtungsweiser für die ersten Aufstiegsmeter dienen.

**Gebiet**
Waadtländer Alpen/Unterwallis

**Charakterisierung**
Wer noch nie im Unterwallis gewesen ist – nach dieser Tour hat er oder sie einen umfassenden Einblick in diese südwestliche Ecke der Schweiz gewonnen.

**Schwierigkeit**
T2–T3. Die Wege sind durchwegs klar bezeichnet. Gutes Schuhwerk ist trotzdem empfohlen. Die Traverse südlich des Grand Chavalard ist für schwindelanfällige Personen nicht geeignet.

**Wanderzeit**
Jorasse (Bergstation Sesselbahn von Ovronnaz)–Col de Fenestral: 2 Std.
Col de Fenestral–rund um den Grand Chavalard–Jorasse: 4 Std.

**Höhendifferenz**
Rund 700 m

**Talort**
Ovronnaz (1300 m ü. M.)
Familienfreundlicher Wintersportort mit bekanntem Thermalbad. Einige Hotels, Pensionen und Einkaufsläden.
Verkehrsverein: Telefon +41 (0)27 921 60 30,
Fax +41 (0)27 921 60 31.
Mit öffentlichem Verkehr: SBB nach Martigny oder Sion, dann Postauto nach Leytron und weiter nach Ovronnaz. Von Ovronnaz Sesselbahn nach Jorasse.
Mit Pw: Autobahn von Martigny oder Sion bis Ausfahrt Riddes, dann via Leytron nach Ovronnaz.

**Wegbeschreibung**
Von der Bergstation der Sesselbahn Ovronnaz–Jorasse über Petit Pré (1998 m ü. M.) und die Ebene von Euloi hinauf zum Col de Fenestral. Links haltend am Lac Supérieur de Fully vorbei zur Cabane de Sorniot (auf der Landeskarte: Refuge de Sorgno). Von dort am Lac Inférieur vorbei links hinauf haltend zum Bergweg, der in nordöstlicher Richtung die Südflanke des Grand Chavalard traversiert. Oberhalb von L'Erié nunmehr in nördlicher Richtung in der Bergflanke bleibend ins Tal von L'Etra hinein und wieder nach Petit Pré.

**Unterkunft/Verpflegung unterwegs**
Gîte rural de Lui d'Août (1957 m ü. M.)
Sympathische, privat betriebene Berghütte unterhalb von Petit Pré. 36 Plätze, Duschen. Zugang ab Bergstation Jorasse signalisiert. Telefon +41 (0)27 744 14 20 oder +41 (0)27 744 30 24, info@luidaout.ch, www.luidaout.ch.

Cabane de Fenestral (2453 m ü. M.)
Die Hütte liegt in schönster Aussichtslage wenige Meter unterhalb des Col de Fenestral. 45 Plätze, nur während der Sommerferien bewartet. Reservation:

Telefon +41 (0)27 746 36 04 oder +41 (0)27 746 20 80 (kein Telefon in der Hütte). Zustieg von der Bergstation der Sesselbahn Ovronnaz–Jorasse via Petit Pré und Euloi.

Cabane de Sorniot (2064 m ü. M.)
Zwischen dem oberen und dem unteren Lac de Fully gelegen. 52 Plätze, familienfreundliche Umgebung. Telefon der Hütte: +41 (0)27 746 24 26, wenn keine Antwort: +41 (0)27 746 28 84 oder +41 (0)79 246 16 19. Weitere Infos: sorniot@chavalard.com, www.chavalard.com.

### Karten
Landeskarte 1:25 000, 1305 Dent de Morcles
Landeskarte 1:50 000, 272 St-Maurice

### Varianten
Les Garettes (1515 m ü. M.) unterhalb der Cabane de Sorniot und L'Erié (1850 m ü. M.) sind mit dem Auto erreichbar. Es bestehen Parkplätze. Die Rundwanderung ist also auch von diesen beiden Ausgangspunkten her möglich. Beide Zufahrten ab Fully.

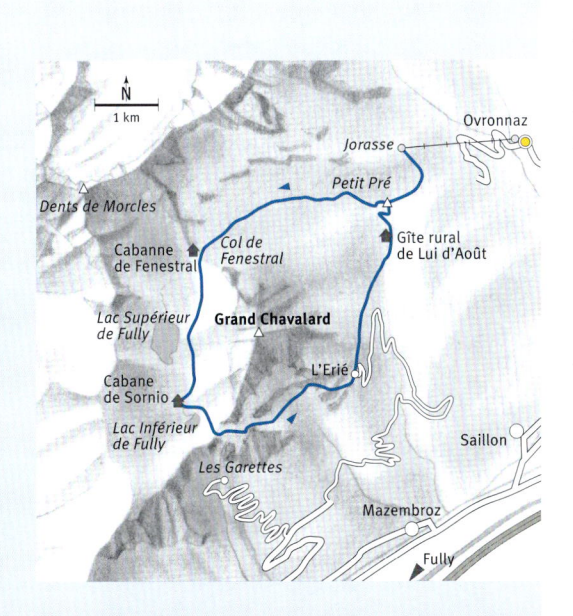

*Ovronnaz ist eine der Walliser Tourismus-Streusiedlungen.*

*Die Wege sind gut erkennbar und lassen auch den Aufstieg bei Nebel zu.*

Dent de Morcles Berggängige zu einem Abstecher ein, links versperrt der abweisende Grand Chavalard den Blick auf die Walliser Alpen.

Grund genug also, zu umrunden, was im Wege steht und besteigbar nicht ist. Sanft absteigend führt der Panoramaweg am See vorbei zur Cabane de Sorniot. Während man sich in der Cabane de Fenestral mal kurz hingesetzt hat, wird man hier schon etwas essen wollen, bevor man nach dem Lac Inférieur, der an schönen Tagen ebenso wie der grössere Lac Supérieur de Fully von Hobbyfischern umlagert ist, das gemütliche Hochplateau verlässt und sich der jähen Steilheit der Südflanke des Grand Chavalard aussetzt. Nun liegt einem das ganze Unterwallis zu Füssen, die Weindörfer erscheinen wie kleine Haufen inmitten der weiten Rebenanlagen. Gleich gegenüber gut sichtbar der Zapfen des Pierre Avoi, und dahinter wartet die Schneephalanx des Grand Combin. Über eine Stunde lang wandeln wir in schwindelnder Höhe über dem Walliser Haupttal, bevor der Tiefblick nach L'Erié von einem Hochtal aufgefangen wird. An dessen Westseite entlang führt der Weg zurück zur Gîte de Lui d'Août und von dort – nach einem herzlichen Adieu – zur Bergstation des Ovronnaz-Sesselliftes. (DC)

■ Rundwanderung Roc de la Vache bei Zinal

# Aug in Aug mit den Walliser Eisriesen

Es ist ein Bild wie auf einer Postkarte: Im Vordergrund ein glasklares Bergseelein, umgeben von Alpenrosenstauden und Wollgrasbüscheln, im Hintergrund ebenso glasklar der mächtige Grand Cornier, 3961 Meter hoch, und dahinter die Dent Blanche mit dem berüchtigten Viereselsgrat. Gerade kommt ein Vater mit seiner achtjährigen Tochter zum Seelein geschlendert. Die Nacht haben sie in der Cabane d'Ar Pitetta verbracht, einer kleinen SAC-Hütte, die den Besten unter den Alpinisten als Basis für die Besteigung des Younggrates hinauf zum Weisshorn dient. Auf diese Hütte hat der Vater Kuchen und acht Kerzen hinaufgetragen und dort zusammen mit der Tochter den Geburtstag gefeiert. Jetzt sind sie auf dem Weg zurück, und vorsichtig streckt die Tochter eine Zehe ins eiskalte Wasser des Bergseeleins. Sie geniesst das Geburtstagsgeschenk des Vaters, diese zwei Tage mit ihr allein zu

Die letzten Gletscherreste klammern sich an die Flanken des Grand Cornier und der Dent Blanche.

### Gebiet
Zinal

### Charakterisierung
Abwechslungs- und aussichtsreiche Bergwanderung im Herzen der Walliser Hochgebirgswelt. Ein Geheimtipp!

### Schwierigkeit
Der steile Anstieg von Zinal hinauf zum Roc de la Vache wird mit Vorteil in der Kühle der Morgenstunden in Angriff genommen. T2, Stellen T3. Der Rest ist reiner Abstiegsgenuss zwischen T2 und T1.

### Wanderzeit
Zinal–Roc de la Vache–Le Vichiesso–Zinal: 6 Std.

### Höhendifferenz
Zinal–Roc de la Vache: 900 m

### Ausgangspunkt
Zinal (1675 m ü. M)
Fremdenverkehrsort zuhinterst im Val de Zinal. Diverse Hotels und Pensionen, Zeltplatz. Infos: www.zinal.ch.
Mit öffentlichem Verkehr: SBB bis Sierre, dann Postauto über Vissoie nach Zinal.
Mit Pw: Walliser Talautostrasse bis Sierre. Zwischen Sierre und dem Pfynwald Abzweigung ins Val d'Anniviers, in etlichen Kehren hinauf und taleinwärts bis Vissoie, dort links halten Richtung Ayer–Zinal.

### Wegbeschreibung
Ausgangs Zinal führt der Wanderweg (Hüttenweg Cabane de Tracuit) durch ein neueres Wohnquartier hindurch (etwas dürftig signalisiert) und windet sich dann schon bald in steilen Kehren bergauf. Zum Teil gibt es mehrere Wegspuren, sie führen aber alle zum gleichen Ziel – der Hochebene unterhalb des Roc de la Vache (2581 m ü. M.). Dort verlassen wir den Hüttenweg zur Cabane de Tracuit und wenden uns nach rechts zum Passübergang beim Roc de la Vache. Nun fällt der Weg mässig steil gegen Süden ab bis zu den Seelein von Louchelet. Vor oder nach den Seelein führen Wegspuren weiter südlich hinunter, diesmal etwas steiler. Die Brücke, die man anpeilen muss, will man nicht kräftig nasse Füsse kriegen, ist schon von weitem gut sichtbar. Jenseits der Brücke über Le Vichiesso (kleine Gegensteigung) auf Schotterstrasse lange, aber durchaus schön nordwärts zurück nach Zinal.

### Unterkunft/Verpflegung unterwegs
Keine.

### Karten
Landeskarte 1:25 000, 1327 Evolène
Landeskarte 1:50 000, 283 Arolla

Ein verlassener Stall dient als Unterstand für die Schafe, die unterhalb des Roc de Vache weiden.

Der Wirt dieser Gaststätte bei Zinal hat sich etwas einfallen lassen, um auch Familien anzulocken.

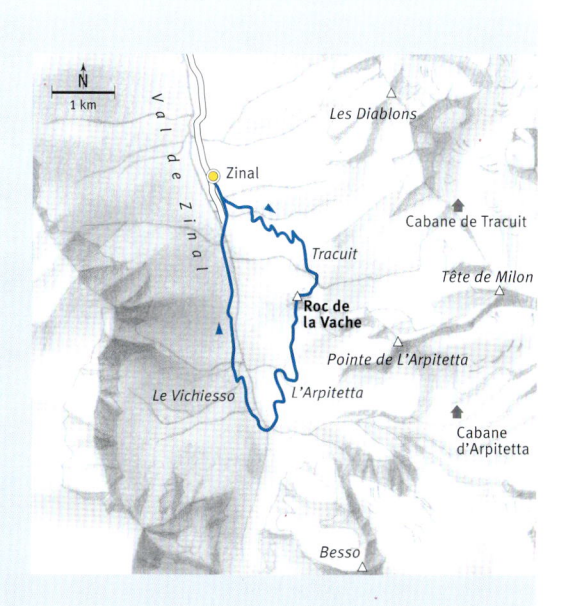

Die Brücke über die junge Navisence ist zugleich der Wendepunkt im Abstieg.

verbringen, ihr die Blasen zu verpflastern und mit dem Feldstecher die Berge näher zu bringen. Auch ich geniesse die Präsenz dieser beiden Menschen. Es sind die ersten an diesem Tag, der in der Morgenfrühe mit einem steilen Aufstieg von Zinal seinen Anfang genommen hat. Mein Ziel: der Sonnenaufgang auf dem Roc de la Vache. Auf dem Kuhfelsen also, der normalerweise gar nicht beachtet oder dann links liegen gelassen wird. Denn wer diese steilen Kehren hinaufschwitzt, buckelt in der Regel einen schweren Rucksack und will weiter, über den Roc de la Vache hinaus zur Cabane de Tracuit. Und von dort auf das Bishorn und womöglich noch weiter über den Nordgrat aufs Weisshorn.

Für diese Rundwanderung soll er aber genug sein, der Roc de la Vache. Und das ist er auch. Wenn man nämlich draufsteht auf dem Kuhfelsen, wähnt man sich eher auf einem Adlerhorst hoch über dem Abschluss des Zinaltales, wo sich dieses bei Le Vichiesso auf der Höhe der Baumgrenze kurz verengt, um dann wieder breiter und schuttgefüllt jedes Jahr etwas weiter hinten in den Glacier de Zinal zu münden. Und von Kühen ist weit und breit nichts zu sehen. Dafür begleiten mich Schafe hinunter auf dem Panoramaweg zu den Seelein von Louchelet, wo ich auf das sympathische Vater-Tochter-Gespann treffe. Langsam tauchen wir gemeinsam ein in den Legföhrengürtel, überqueren einen weiss schäumenden Bergbach und machen uns, jetzt inmitten etlicher Tagesausflügler, auf einem breiten Weg zurück nach Zinal.

Noch einmal lädt bei Le Vichiesso ein Felsvorsprung dazu ein, das Val de Zinal aus der Vogelperspektive zu betrachten. Und wenn man so viel Glück hat wie der Schreibende, ist dort gerade eine Walliser Jägerfamilie beim Picknicken. Die Hirschfilets aus eigener Jagd, die man dann vielleicht kosten darf, wird man so wenig vergessen wie die Rundwanderung, die sich auf der Landkarte unscheinbar gibt, in Wirklichkeit aber alles enthält, was das Wandern im Gebirge so erfüllend macht. (DC)

### Rundtour zum Zermatter Höhbalmen

# Im Visier das Matterhorn

Beim Matterhorn ist es wie in einem Theater: Vorne die Bühne, auf der sich inmitten der grandiosen Kulisse der Walliser Eiswelt die täglichen Besteigungslust- und -trauerspiele abspielen. Alle sehen es, mit Ausnahme der Akteure selbst, die einen besser, die andern weniger gut. Für einmal sind die Plätze unten in der Estrade eher die billigen. Von Zermatt her sieht man zwar einiges, aber nicht alles, der Winkel ist ein wenig ungünstig. Die besten Plätze sind auf dem Balkon. Und einen solchen gibt es tatsächlich, als ob die Natur extra daran gedacht hätte bei der Fertigstellung des Bühnenbildes. Es ist der Höhbalmen, eine Felskanzel, die sich tausend Meter über Zermatt am Fuss des Untergabelhorns befindet, gerade tief genug, um noch mit etwas Gras überwachsen zu sein, und hoch genug, dass der Preis für diese Logenplätze angemessen ist. Noch ist er nicht in Form eines Bahntickets zu entrichten, sondern in Form einiger Schweisstropfen. Sie fallen gleich zu Beginn der Rundwanderung an, die von Zermatt zum Höhbalmen und via Arben wieder zurück nach Zermatt führt. Denn zuerst gilt es, in der Morgensonne die Steilstufe von Zermatt hinauf zum Berghotel Trift zu meistern. Indes, der Weg ist gut und auch oft begangen. Denn über die Trift führt auch der Hüttenweg zur Rothornhütte, und da ist immer Betrieb, sobald die Verhältnisse im Hochgebirge auch nur einigermassen stimmen. Das Zinalrothorn ist eine Destination der Schwerbepackten, die Wellenkuppe und das Obergabelhorn sind andere Gipfelziele.

**Gebiet**
Walliser Alpen

**Charakterisierung**
Einmalig schöne Panoramawanderung. Ein Muss für jeden Rundwanderer.

**Schwierigkeit**
T2. Durchwegs gut bezeichnete Wege, teils etwas steil und rutschig.

**Wanderzeit**
Zermatt–Berggasthaus Trift: 2½ Std.
Berggasthaus Trift–Höhbalmen–Arben–Biel–Zmutt–Zermatt: 4 Std.

**Höhendifferenz**
Rund 1100 m

**Talort/Ausgangspunkt**
Zermatt (1600 m ü. M.)
Weltberühmter, autofreier Ort im Zentrum eines ausgedehnten Wandergebietes, umgeben von einem Kranz berühmtester und berühmter Viertausender. Ausgangspunkt für die Besteigung des Matterhorns. Zahlreiche Hotels, Pensionen und Ferienwohnungen. Verkehrsverein: Telefon +41 (0)27 967 01 81, Fax +41 (0)27 967 01 85, www.zermatt.ch.
Mit öffentlichem Verkehr: SBB bis Visp oder Brig, von dort Matterhorn-Gotthard-Bahn (MGB) nach Zermatt.
Mit Pw: Von Visp via Stalden bis Täsch, von dort mit der Bahn nach Zermatt.

Ein Bild wie auf einer Postkarte: das Matterhorn, vom Höhbalmen aus gesehen.

Parallel zum Zmutttal zieht sich der Höhenweg westwärts. Im Hintergrund die Tête Blanche.

## Wegbeschreibung

Von Zermatt (Abzweigung kurz vor Hotel Burgener) auf dem Triftweg steil hinauf zur Pension Edelweiss (Telefon +41 [0]27 967 23 13). Dann dem Bach entlang in einigen Kehren zum rosaroten Berggasthaus Trift. Kurz danach beim Vieliboden links abbiegend zum Höhbalmen. Zuerst rund 300 Höhenmeter ansteigend, dann fast horizontal westwärts bis zur Arbengandegge, wo der Weg in einigen Kehren abwärts führt und in den Hüttenweg der Schönbielhütte einmündet. Auf diesem Weg zurück über Zmutt nach Zermatt (verschiedene Wegvarianten, Wegweiser beachten).

## Verpflegung/Übernachtung unterwegs

Berggasthaus Trift (2337 m ü. M.)
Oberhalb der Schlucht des Triftbachs inmitten lieblicher Schafweiden unter den Gletschern des Zinalrothorns und des Ober Gabelhorns gelegen. 50 Plätze (10 Doppelzimmer, Matratzenlager), bewartet von Anfang Juli bis Ende September. Telefon +41 (0)79 408 70 20.

## Karten

Landeskarte 1:25 000, 1348 Zermatt, 1347 Matterhorn
Landeskarte 1:50 000, 284 Mischabel, 283 Arolla

## Variante

Von Zermatt auf direktem Weg zum Höhbalmen. T3.
Zeitersparnis: rund 1 Std.

*Im Berggasthaus Trift kreuzen sich Wanderer und Bergsteiger.*

Das Rucksackgewicht des Rund- und Balkonwanderers hingegen ist gering. Denn das Berghotel Trift kann als letzte Tankstelle dienen, bevor man eintritt in die Galerie des Höhbalmen. Allein ist man da nie. Nicht, dass der Höhbalmen von Wanderern übervölkert wäre, aber dafür sorgen ganze Schafrudel für einen fast kitschigen Vordergrund der nun zwingenden Fotos. Denn da ist es, das Horu, der Berg der Berge, zu einem Mythos erstarrt, der sich mit jedem Menschen weiter in die Weltseele eingräbt, der hier sein Leben lässt oder auch nur in Bergnot gerät – und das sind doch jedes Jahr einige. Aber es ist nicht das, was einen gefangen nimmt, während man langsam westwärts schlendert, rastet oder auch nur staunend stillsteht. Es ist einfach diese Form, auch diese Abgesetztheit von den Nachbarbergen, die fasziniert. Die einen sehen den Mahnfinger Gottes vor sich, andere erinnern sich an die Schnauze des Concorde-Überschallpassagierflugzeuges, dritte wiederum stellen Berechnungen über die Perfektion der Pyramidenform an und brechen dabei genussvoll das stilisierte Matterhorn vom Toblerone-Stengel ab.

So gelangt man nach Arben, von wo der Weg abtaucht ins Gletschervorland des zu einem kümmerlichen Rest geronnenen Zmuttgletschers. Vorher lohnt sich aber noch ein Blick hinein in die Arbengandegge und zum Obergabelhorn, das hier so ganz anders erscheint als auf den Fotos der Bergbücher. Wieder fädelt man sodann ein in einen Hüttenweg. Dieses Mal ist es der Zustieg zur Schönbielhütte, der einen aufnimmt und sicher zurückbringt. Wer will, kann den oberen Weg nehmen, sozusagen den unteren Balkonweg, nochmals hinschauen und erkennen, dass das Matterhorn nicht mehr dasselbe ist. Das Abendlicht lässt kantige Schatten entstehen oder taucht das Horu auch einfach nur ein in ein versöhnlich mildes Dämmerlicht. (DC)

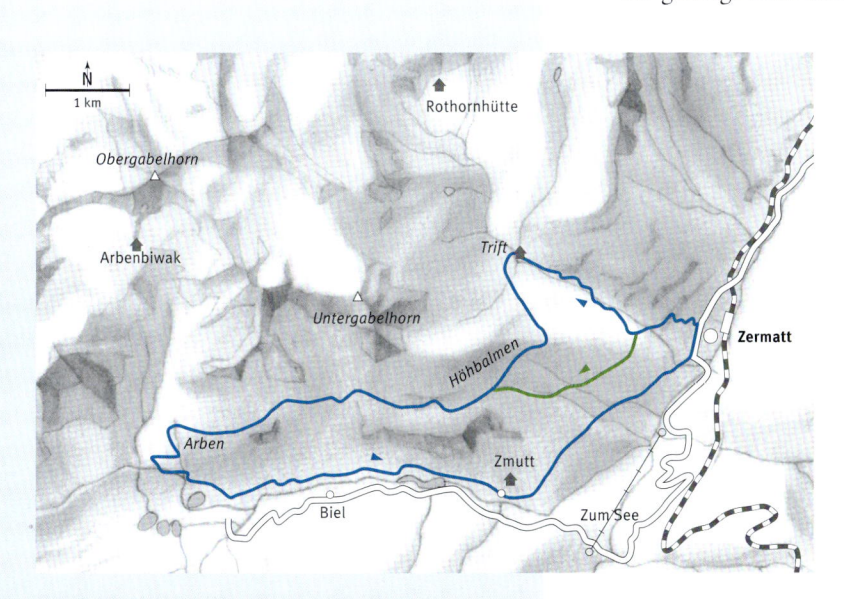

■ Binntal-Rundtour

# Streifzug durch das Steinreich

Lang ist der Tunnel, der den Oberwalliser Weiler Binn mit der Aussenwelt verbindet. Lang und eng. Und ebenso eng scheint das Tal zu sein, das sich weiter nach Osten hinzieht bis zum Fäld und sich dann in zwei Arme teilt: in das Tal der Binna und in jenes der Mässer Binna. Beide führen zu Pässen, die noch bis in die heutigen Tage als Schmugglerrouten dienen: der Albrunpass und der Geisspfadpass. Aber weit mehr als die Schmuggler ist es eine andere Zunft, die sich jetzt für diese Täler interessiert – die Zunft der Strahler. Dabei sind es nicht einmal die Kristalle, die hier im Zentrum des Interesses stehen. Vielmehr sind es seltene Mineralien mit Namen wie Magnetit, Anatas, Cafarsit oder Hämatit, Kleinode von wenigen Millimetern Durchmesser, die unbezahlbar sind nicht wegen des Preises, sondern wegen des ideellen oder gar spirituellen Wertes für den Finder. Niemand also, der sich hier nicht auch anstecken lässt vom Fieber des Mineraliensuchens. Spätestens dann, wenn man, von Fäld kommend, die Abraumhalde der Mineraliengrube Lengenbach passiert, mit dem sonderbar weissen Gestein, in das da und dort ein winziges Stückchen eines dieser Mineralien eingelagert ist.

Allein, als Rundwanderer treibt es einen weiter, auf Wegspuren durch Stauden und Unterholz an alten Ställen vorbei hinauf zum Mani-

Malerisches Binn.

Von Zeit zu Zeit sorgt ein kleiner See für Abwechslung …

**Gebiet**
Binntal/Goms

**Charakterisierung**
Eine Rundtour mit alpinem Touch in einer gänzlich unbekannten Ecke unseres Landes.

**Schwierigkeit**
T3 mit Stellen T4, dort, wo der Weg über Stock und Stein hinauffindet zum Furggulti.

**Wanderzeit**
Binn–Fäld–Maniboden–Furggulti–Heiligkreuz–Binn: 6–7 Std.

**Höhendifferenz**
950 m Auf- und Abstieg

**Talort/Ausgangspunkt**
Binn (1400 m ü. M.)
Die alte Walsersiedlung Binn hat ein gut erhaltenes, schönes Ortsbild. Zwei Hotels in Binn, Herberge in Heiligkreuz (Matratzenlager), Campingplatz, Ferienwohnungen.
Verkehrsverein Binntal: Telefon +41 (0)27 971 46 85.
Mit öffentlichem Verkehr: Matterhorn-Gotthard-Bahn (MGB) von Brig oder Andermatt nach Fiesch, von dort Postauto über Ernen nach Binn.
Mit Pw: Von Brig oder über den Furka- oder Grimselpass nach Fiesch und via Ernen nach Binn.

**Wegbeschreibung**
Von Binn auf dem Talwanderweg oder mit dem Alpentälerbus (www.sab.ch) nach Fäld. Von Fäld zur Mineraliengrube Lengenbach und von dort auf bezeichnetem Wanderweg weiter zum Maniboden (P. 2004). Vom Maniboden rechts haltend hinauf auf bezeichneter Wegspur über Zantmärjelebiel zum Furggulti und weiter über Obere Stafel und Chällerli nach Heiligkreuz/Lee. Von dort über die Schapulmatta oder wiederum mit dem Alpentälerbus zurück nach Binn.

... in einer ansonsten steinreichen Umgebung.

**Karten**
Landeskarte 1:25 000, 1270 Binntal, 1290 Helsenhorn
Landeskarte 1:50 000, 265 Nufenenpass, 275 Valle Antigorio

**Variante**
Von Chällerli direkt über Schaplerstafel nach Binn.

boden. Hier ist wieder Raum zum Atmen, zum Verweilen und zum Steinesuchen. Nur, in einer Schwemmebene wie dem Maniboden wird man nicht fündig werden, denn die Steine sind durch den Transport in den Bächlein und Rinnsalen schon abgeschliffen und allfällige Mineralien mit ihnen. Man müsste also noch weiter hinauf, zum Beispiel in Richtung des Schwarzhorns, wo die Steine grob in Geröllfeldern lagern und sich vielleicht ein Glückstreffer ergibt. Es ist nicht weit bis zum Furggulti am Fuss des Schwarzhorns, der Weg dort hinauf wurde speziell für dieses Buch von Binntal Tourismus bezeichnet und, so gut es ging, geebnet. Und es sind tatsächlich wieder die Steine, die das Bild auf dem Furggulti prägen. Aber nicht nur: Es ist auch die Aussicht zum Grampielpass und zum Geisspfadsee auf der einen, hinunter ins Lengtal auf der andern Seite. Wer aber noch Zeit hat, trittsicher und schon gehörig angesteckt ist vom Mineralienrausch, wird noch weiter aufsteigen in Richtung Schwarzhorn, dorthin, wo sich der Firn gerade eben zurückgezogen hat. Denn das Leid des Naturliebhabers und Alpinisten ist die Freude des Strahlers: Jeder Meter Fels, den der Gletscher freigibt, ist eine potenzielle Schatztruhe.

Wie dem auch sei: Der Abstieg drängt sich spätestens mit dem Untergehen der Sonne auf, und er führt vom Furggulti am Ober Stafel vorbei zum Chällerli. Dort kann man sich entscheiden, rechts abzuzweigen und über den Schaplerstafel nach Binn zurückzufinden. Ebenso reizvoll ist es jedoch, abzusteigen bis nach Heiligkreuz, dort beim letzten Sonnenstrahl vor oder in der hübschen Bergkapelle innezuhalten und dann über Lee und die Schapulmatta nach Binn zu pilgern. (DC)

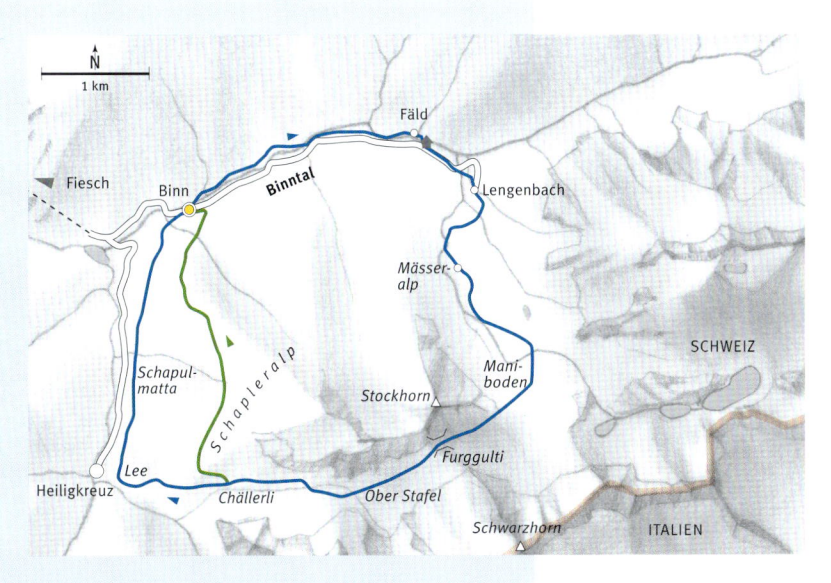

# Register

Ächerli 76
Alpe Casaccia 86
Arosa 30
Bellavista 94
Bergün 32, 36
Bernina Hospiz 42
Biel-Chinzig 82
Binn 124
Bogno 92
Bristen 78
Bürglen 82
Bussalp 104
Cabane de Bounavaux 108
Campo Blenio 24
Capanna Corno Gries 88
Casaccia 44
Cassonsgrat 20
Chants 36
Chrummhüreli 34
Chumigalm 102
Col de Fenestral 118
Colla 92
Corcelles 112
Creux du Van 114
Ducanfurgge 34
Elahütte 32
Erlenbach i.S. 100
Erzhornsattel 30
Faulhorn 104
First 104
Fläsch 16
Flims 20
Flimserstein 20
Furggulti 124
Fürstein 70
Gällihorn 106
Gazzirola 92
Gitschenhörelihütte 80
Glaubenberg 70
Glogghüs 74
Gmeinenwies 50
Golzernsee 78
Gotthardpass 76
Grand Chavalard 118
Grandval 112
Grandvillard 108
Greina 24

Grindelwald 104
Gummenalp 72
Haggenegg 64
Hochstollen 74
Höhbalmen 122
Holzegg 64
Kandersteg 106
Keschhütte 36
Lagalb 42
Laghi d'Orsirora 76
Laghi della Valletta 76
Lago d'Orsino 76
Lai Grand 28
Langis 70
Lavertezzo 90
Lavin 38
Leglerhütte 58
Linthal 60
Lü 40
Lukmanierpass 86
Luthernbad 68
Macunseen 38
Malans 18
Maloja 44
Marwees 48
Melchsee-Frutt 74
Mettmenalp 58
Monstein 34
Mont Raimeux 112
Monte Generoso 94
Morgenholz 54
Muntet 40
Murg 56
Murgsee 56
Mürtschenstock 56
Mutseehütte 60
Mythen 64
Napf 68
Neuenalpspitz 50
Niederurnen 54
Noiraigue 114
Nufenenpass 88
Nufenenstock 88
Oberalppass 22
Ovronnaz 118
Passo dell'Uomo 86
Passo delle Colombe 86

Pazolastock 22
Piz d'Arpiglias 38
Piz Ela 32
Piz Lagalb 42
Piz Lunghin 44
Piz Murtelet 36
Pizzo d'Eus 90
Pizzo dell'Uomo 86
Pointe des Savolaires 110
Pont de Nant 110
Preda 32
Ramozhütte 30
Regitzer Spitz 16
Rieden 52
Rigi 66
Rigi-Kaltbad 66
Roc de la Vache 120
Roncapiano 94
Ruegig 82
Sagi 98
San Bernardino 26
Schafloch 98
Schön Chulm 82
Schreckhorn 104
Schwanden 58
Schwarenbach 106
Schwarzgrätli 106
Schwarzhorn 28
Schwenden 102
Schwyz 64
Seebergsee 102
Seewis 18
Septimerpass 44
Sigriswiler Rothorn 98
Speer 52
Spilauer Grätli 82
St. Jakob 80
Stein SG 50
Stockhorn 100
Suossa 27
Tanzboden 52
Tierfed 60
Tomasee 22
Trift 122
Uri-Rotstock 80
Vanil Noir 108
Vilan 18

Wageten 54
Wasserauen 48
Welschtobel 30
Wergenstein 28
Windgällenhütte 78
Wirzweli 72
Zermatt 122
Zernez 38
Zinal 120

### Graubünden
1. Rund um den Regitzer Spitz, Seite 16
2. Rund um den Vilan, Seite 18
3. Rundwanderung auf dem Flimserstein, Seite 20
4. Rundwanderung Pazolastock–Tomasee, Seite 22
5. Greina-Rundwanderung, Seite 24
6. Rund um San Bernardino, Seite 26
7. Rund um die Alpen von Wergenstein, Seite 28
8. Rund um das Aroser Älpliseehorn, Seite 30
9. Rund um den Piz Ela, Seite 32
10. Rund um das Monsteiner Chrachenhorn, Seite 34
11. Rund um den Piz Murtelet bei Bergün, Seite 36
12. Rund um den Piz d'Arpiglias ob Zernez, Seite 38
13. Rund um den Lüer Muntet, Seite 40
14. Rund um den Piz Lagalb, Seite 42
15. Rundwanderung Pass Lunghin–Septimer, Seite 44

### Nordostschweiz, Glarus
16. Rund um die Marwees, Seite 48
17. Rund um den Toggenburger Neuenalpspitz, Seite 50
18. Rundwanderung am Fusse des Speer, Seite 52
19. Rund um die Wageten ob Niederurnen, Seite 54
20. Rundwanderung im Bann des Mürtschenstocks, Seite 56
21. Rundwanderung in den Glarner Freibergen, Seite 58
22. Rundwanderung zur Muttseehütte, Seite 60

### Zentralschweiz
23. Rund um die Mythen, Seite 64
24. Rigi-Rundwanderung, Seite 66
25. Napf-Rundwanderung, Seite 68
26. Rund um den Fürstein, Seite 70
27. Rund um das Wirzweli, Seite 72
28. Rund um die Melchsee-Frutt, Seite 74
29. Seen-Rundwanderung am Gotthard, Seite 76
30. Rundwanderung im Maderanertal, Seite 78
31. Rund um den Uri-Rotstock, Seite 80
32. Rund um den Schön Chulm im Schächental, Seite 82

### Tessin
33. Rund um den Pizzo dell'Uomo (Lukmanierpass), Seite 86
34. Rund um den Nufenenstock, Seite 88
35. Rundwanderung zum Pizzo d'Eus, Seite 90
36. Rund um den Gazzirola im Valcolla, Seite 92
37. Rundwanderung am Monte Generoso, Seite 94

### Berner Oberland, Westschweiz
38. Rundwanderung Sigriswiler Rothorn, Seite 98
39. Rundwanderung am Stockhorn, Seite 100
40. Diemtigtaler Pässerundwanderung, Seite 102
41. Grindelwaldner Rundtour, Seite 104
42. Rund um das Gällihorn, Seite 106
43. Rundtour über den Vanil Noir, Seite 108
44. Rundtour zur Pointe des Savolaires, Seite 110
45. Rund um den Mont Raimeux, Seite 112
46. Rund um den Creux du Van, Seite 114

### Wallis
47. Tour du Grand Chavalard, Seite 118
48. Rundwanderung Roc de Vache bei Zinal, Seite 120
49. Rundtour zum Zermatter Höhbalmen, Seite 122
50. Binntal-Rundtour, Seite 124

Bundesamt für Landestopographie
Office fédéral de topographie
Ufficio federale di topografia
Uffizi federal da topografia

1 : 1 000 000

1 km : 1 mm

Schweizer Alpen-Club SAC
Club Alpin Suisse
Club Alpino Svizzero
Club Alpin Svizzer

Dieses Buch entstand in fachlicher Zusammenarbeit
mit dem Schweizer Alpen-Club SAC.

Alle Angaben wurden mit grösster Sorgfalt und nach
bestem Wissen der Autoren zusammengestellt. Eine Gewähr
für deren Richtigkeit kann jedoch nicht gegeben werden.
Die Begehung der vorgeschlagenen Routen erfolgt auf eigene
Gefahr. Hinweise auf Fehler oder Ergänzungen sind
zu richten an: AT Verlag, Stadtturmstrasse 19, 5401 Baden.

Für die verlagsrechtlichen Aspekte ist allein der AT Verlag zuständig.

Die Übersichtskarte (Vorsatz) wurde reproduziert mit Bewilligung
des Bundesamtes für Landestopografie vom März 2003.

Umschlagvorderseite: Blick auf die Greinaebene
Umschlagrückseite: Links Blick auf den Grat zwischen Sigriswiler Rothorn
und Schafläger. Rechts am Mässersee, im Hintergrund Stockhorn und Schwarzhorn.

2. Auflage, 2007

© 2007
AT Verlag, Baden und München
Lektorat: Christina Sieg, Zürich
Fotos: Umschlagvorderseite: Christof Sonderegger; Seite 92–93
und 112–115: Guido Gisler; alle übrigen David Coulin
Kartenausschnitte: Atelier Guido Köhler & Co., Binningen
Lithos: Vogt-Schild Druck, Derendingen
Druck und Bindearbeiten: AZ Druck und Datentechnik, Kempten
Printed in Germany

ISBN 978-3-03800-233-8

www.at-verlag.ch

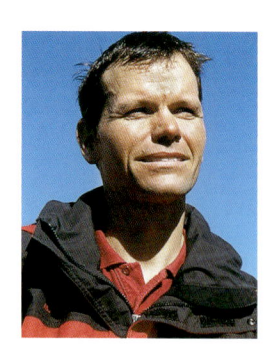

**David Coulin** (DC)
Geboren 1967, Ausbildung zum Sekundarlehrer und Journalisten BR. Heute Redaktor bei der Zeitschrift «Wendekreis», Bergbuchautor und freier Journalist mit den Schwerpunkten Wandern, Trekking und interkulturelle Begegnung. Touren- und Wanderleiter.

Kontakt: alibaba@freesurf.ch


**Guido Gisler** (GG)
Geboren 1960, Grafiker, Maler und Webdesigner mit eigenem Atelier. Er ist viel in den Bergen unterwegs und hat von 1991 bis 1998 sämtliche 162 SAC-Hütten und -Biwaks der Schweiz vor Ort gemalt.

www.gisler-grafik.ch